Barbara Rias-Bucher

So gut schmeckt's vegetarisch

Köstliche Vorspeisen und Salate, Aufläufe, Hauptgerichte und Desserts

GU
Gräfe und Unzer

Umschlag-Vorderseite
Die gefüllten Zucchini mit Tomatensauce sind ein schmackhaftes Gericht aus dem Backofen. Auch Paprikaschoten können Sie auf diese Art füllen. Rezept Seite 32.

2. Umschlagseite
Kernige Spaghetti mit einer feinen Sauce aus Salbei, Sahne und Parmesan - ein Schnellgericht aus der vegetarischen Küche, mit dem Sie auch Überraschungsbesuch köstlich bewirten können. Rezept Seite 44.

3. Umschlagseite
Die Quarkpalatschinken mit Rosinen und Nüssen sind eine Kaloriensünde wert: Sie werden gefüllt mit einer Creme aus Quark, Sahne, Rum und Ahornsirup. Rezept Seite 51.

Redaktion: Birgitta Stuber
Herstellung: Monika Gerretz
Farbfotos: Fotostudio Teubner, ergänzt durch Aufnahmen von Susi und Pete A. Eising (2. Umschlagseite, Seite 27 und 48).
Zeichnungen: Gerlind Bruhn
Umschlaggestaltung: Heinz Kraxenberger
Satz und Druck: Appl, Wemding
Reproduktion: Brend'amour, Simhart & Co.

ISBN 3-7742-4634-3

Barbara Rias-Bucher,
gebürtige Münchnerin, arbeitete nach ihrem Studium als Redakteurin bei einem Münchner Verlag. Seit 1979 ist sie als freie Food-Journalistin für Zeitschriften und große Buchverlage tätig. Unter anderen sind folgende Titel von ihr bei GU erschienen: Köstliche Geflügel-Gerichte, Kochbuch für 1 Person, Natürlich kochen - köstlich wie noch nie.

Wichtiger Hinweis
Beim Getreidekauf muß darauf geachtet werden, daß das Getreide gereinigt ist. Es muß befreit sein von Schmutz und Unkrautsamen (vor allem Samen der giftigen Kornrade). Auch der heute wieder häufiger auftretende Pilzparasit, der vor allem den Roggen befällt, das Mutterkorn, darf nicht enthalten sein. Dies ist ein schwärzliches, meist stark vergrößertes Getreidekorn, das beim Genuß lebensgefährliche Vergiftungserscheinungen hervorruft. Getreide muß also vor der Verarbeitung unbedingt verlesen werden. Weder die Schoten noch die Samen von Hülsenfrüchten dürfen roh verzehrt werden. Erst durch ausreichendes Garen wird das natürliche Gift der Bohnen, das Phasin, und die auf den Eiweißstoffwechsel ungünstig wirkende Substanz der Sojabohnen, unschädlich gemacht. Da diese Substanz beim Keimen nur teilweise abgebaut wird, sollen Sojabohnenkeimlinge nicht zu oft und grundsätzlich kurz erhitzt/blanchiert verzehrt werden.

Sie finden in diesem Buch

Ein Wort zuvor 4

Vor dem Start zu lesen 5
Gemüse und Kartoffeln 5
Getreide 6
Hülsenfrüchte 7
Tofu (Sojabohnenquark) 7
Milch und Milchprodukte 7

Vorspeisen, Rohkost und Salate 8
Gemüseterrine mit scharfer Tomatensauce 8
Marinierte Linsen 9
Weizen-Linsen-Salat 9
Auberginenmus rumänische Art 10
Kräuterkäse mit Sonnenblumenkernen 11
Kürbis in Knoblauchöl 11
Ratatouille mit Kräuterbrötchen 12
Italienischer Brotsalat 13
Gemüserohkost mit Tofu- und Quarksauce 13

Herzhafte Suppen und Eintöpfe 14
Gemüsebrühe 14
Möhren-Kartoffelsuppe mit Sahne 15
Sahnesuppe mit schwarzen Linsen 19
Gemüsetopf mit Nudeln 20
Gemüsetopf mit fritiertem Tofu 20
Scharfes Bohnengulasch 21
Geschmorter Weizen auf chinesische Art 21
Linsen mit Spätzle 22
Feiner Bohnentopf mit Pilzen 23
Grünkern mit Tomaten und Salbei 23

Deftiges aus dem Backofen 24
»Falscher Hase« mit Grünkern und Tofu 24
Gratinierte Wirsingbällchen 24
Gemüsequiche 25
Kürbis mit Käsekruste 26
Moussaka mit Gemüse 29
Salbeikartoffeln mit Sesam 30
Lasagne mit Spinat und Erbsen 30
Maisauflauf mit Tomaten 31
Gefüllte Zucchini mit Tomatensauce 32

Feine Hauptgerichte 33
Bohnen-Curry mit Sojamilch 33
Buchweizen-Kartoffelnudeln mit Pesto 33
Polentaschnitten mit Bohnengemüse 34
Blumenkohl-Kartoffelpudding 35
Tofuklößchen mit Lauch und Schwarzwurzeln 36
Zucchini-Pilzragout mit Tomatenreis 39
Weizenfrikadellen 40
Sellerieschnitzel mit Tomatensauce 40
Teigtaschen mit Tofu und Spinat 41
Kartoffeln mit Knoblauchsauce 42
Kräuter-Käsesoufflé 43
Gemüsefondue mit Kräuterbutter und Dillsauce 43
Vollkornspaghetti mit Gemüse 44

Kleine warme Imbisse und Beilagen 45
Broccoli auf polnische Art 45
Sahnelinsen mit Kräutern 45
Überbackener Fenchel 45
Spinatklöße 46
Spinat in Knoblauchöl mit Walnüssen 49
Bohnensalat 49

Süße Hauptgerichte und Desserts 50
Zwetschgenstrudel mit Tofu 50
Aprikosenreis 51
Hirseauflauf mit Kirschen 51
Quarkpalatschinken mit Rosinen und Nüssen 51
Grießschmarrn mit Apfel-Preiselbeerkompott 52
Bratäpfel 52
Joghurt mit Beeren und Flocken 53
Flambierter Eisbecher 53

Rezept- und Sachregister 54

Ein Wort zuvor

Wie wertvoll Lebensmittel wie Gemüse, Kartoffeln, Hülsenfrüchte und Getreide für eine vernünftige Ernährung sind, wurde vielen von uns erst wieder bewußt, als Ernährungsfachleute Alarm schlugen und vor dem übermäßigen Genuß von tierischem Eiweiß, Fett und Zucker warnten. Jetzt begann man auch, diejenigen ernst zu nehmen, die lange Zeit als »Körneresser« und »Kohlrabiapostel« verschrieen waren. Man ging in vegetarische Restaurants, probierte auch zu Hause mal aus, was man dort gegessen und genossen hatte.

Vegetarisch essen - das heißt auch, natürlich und vollwertig essen. Denn Fleisch und Fisch sind für unsere Ernährung nicht unbedingt notwendig. Jahrtausendelang haben sich die Menschen hauptsächlich von Getreide ernährt - sei es in Form von Brei oder gebacken als Brot. Tierisches Eiweiß kam in Form von Milch oder Käse auf den Tisch. Ergänzt wurde diese Kost durch frisches Gemüse, Kräuter und Obst. Die Reichen allerdings lebten schon immer etwas ungesünder: denn Fleisch, Fisch, Salz und Zucker waren teuer, und wer es sich leisten konnte, aß eine ganze Menge davon.

Mit steigendem Wohlstand hat sich dann in den Industrie-Nationen der Speisezettel grundlegend verändert: Gemüse spielte nur noch als Beilage eine Rolle, Kartoffeln galten als Dickmacher, Hülsenfrüchte als schwer verdaulich, Haferflocken als fade Krankenkost.

Die meisten von Ihnen, die diesen neuen Küchen-Ratgeber durchblättern, kennen sich mit der vegetarischen Küche vielleicht ein wenig aus und wollen noch mehr Anregungen, um den Speisezettel abwechslungsreicher zu gestalten. Andere suchen vielleicht den ersten Einstieg, weil sie schon so viel Positives davon gehört haben. An Sie alle wendet sich mein Kochbuch: Es soll den überzeugten Vegetariern unter Ihnen eine Fülle von reizvollen Rezepten bieten, die sie vielleicht noch nicht kennen. Und es soll den Neulingen unter Ihnen die vegetarische Küche im wahrsten Sinne des Wortes schmackhaft machen.

Deshalb finden Sie viele Gerichte in diesem Buch, die Ihnen bekannt vorkommen: den »Falschen Hasen« etwa, der aber nicht mit Fleisch, sondern mit Grünkern zubereitet wird und fantastisch schmeckt, oder die deftigen Eintöpfe mit allen Gemüsen der Saison, mit kräftigen Vollkornnudeln oder würzigmariniertem Tofu zubereitet. Auch Frikadellen und Schnitzel, Moussaka und Lasagne fehlen nicht; sie sind, wie alle Gerichte, zugeschnitten auf die neue Art, gesünder zu kochen und bewußt zu genießen.

Die brillanten Farbfotos zeigen Ihnen genau, welche Möglichkeiten die vegetarische Küche bietet. Genaue Schritt-für-Schritt-Abbildungen erleichtern Arbeitsvorgänge, die Ihnen noch nicht so vertraut sind.

Hinzu kommen die vielen Tips und informativen Zeichnungen, die den Umgang auch mit neuen Produkten leicht und problemlos machen. Lassen Sie sich aber nicht nur zum Nachkochen anregen, sondern auch zum Experimentieren: Gemüse und Hülsenfrüchte, Kartoffeln und Getreide können Sie in unglaublicher Vielfalt zubereiten und haben dabei die Gewähr, wirklich so zu essen, wie es den Erkenntnissen der modernen Ernährungswissenschaft entspricht. Die vegetarische Küche bedeutet jedoch nicht nur, auf eine vernünftige Art zu kochen. Sie bietet auch mehr Genuß, denn sie legt Wert auf naturbelassene Lebensmittel, deren Frische und unverfälschtes Aroma erhalten bleiben. Darin unterscheiden sich die Vegetarier nicht von den Feinschmeckern. Das habe ich bei Auswahl und Zubereitung der Gerichte besonders berücksichtigt. Der Aufbau der Rezeptkapitel macht es Ihnen zudem ganz leicht, komplette Menüs zusammenzustellen und zwar von deftig bis fein, je nach Wunsch und Anlaß.

Viel Spaß beim Kochen und guten Appetit!

Ihre Barbara Rias-Bucher

Vor dem Start zu lesen

Um gut, abwechslungsreich und ausgewogen vegetarisch zu kochen, sollten Sie sich nicht nur mit neuen Produkten wie zum Beispiel Tofu vertraut machen, sondern auch genau Bescheid wissen über die Grundlebensmittel, die Sie häufig verwenden. Deshalb finden Sie hier eine kurze Zusammenstellung der wichtigsten Produkte.

Gemüse und Kartoffeln

Gemüse und Kartoffeln spielen eine wesentliche Rolle in der vegetarischen Küche. Es sind joule-/kalorienarme Lebensmittel, die dem Körper besonders viele Vitamine, Mineralstoffe und Ballaststoffe liefern. Kartoffeln enthalten außerdem wenig, dafür sehr hochwertiges pflanzliches Eiweiß. Die einzelnen Sorten unterscheidet man nach ihren Kocheigenschaften. Vorwiegend festkochende Sorten wie »Hela«, »Grata« oder »Clivia« eignen sich für Pellkartoffeln oder auch für Salzkartoffeln. Sehr gute Salatkartoffeln sind die festkochenden Sorten »Sieglinde« und »Hansa«. Auch die »Bamberger Hörndl« schmecken ausgezeichnet als Salat oder als Pellkartoffeln. Lockere Pellkartoffeln, Gratins und Eintöpfe gelingen am besten mit den mehligfestkochenden Sorten »Irmgard« oder »Datura«, Kartoffelpüree mit der Sorte »Maritta«, die beim Kochen zerfällt. Frühkartoffeln, also die begehrten »Neuen Kartoffeln«, die schon im März auf den Markt kommen, schmecken am besten in der Schale gegart als Pellkartoffeln oder mit Kräutern wie Salbei, Thymian, Rosmarin oder Petersilie in Butter und Öl gebraten.

Wer sich gesund ernähren will, sollte Kartoffeln immer in der Schale garen; sie sind dann wertvoller für die Ernährung als Salzkartoffeln oder gar Pommes frites. Mineralstoffe und Fett sitzen nämlich direkt unter der Schale und gehen beim Schälen von Pellkartoffeln nur teilweise, beim Schälen von rohen Kartoffeln dagegen fast vollständig verloren. Die Schale verhindert zum Teil auch, daß Eiweiß und wichtige Inhaltsstoffe ins Kochwasser übergehen und weggeschüttet werden.

Kartoffeln müssen immer dunkel, kühl (bei etwa 4° plus) und trocken gelagert werden. Bei Lichteinwirkung bilden sich grüne Stellen, die das gesundheitsschädliche Solanin enthalten. Solanin sitzt auch in den Keimen, die man deshalb grundsätzlich herausschneiden muß.

Gemüse sollten Sie nicht nur gegart, sondern auch roh verzehren, zum Beispiel als Salat oder Rohkost. Dafür wird das Gemüse zerkleinert und je nach Geschmack mit Essig und Öl und/oder Obst, Getreide, Nüssen, Sesamsamen, Kürbiskernen, Sonnenblumenkernen und Kräutern angereichert. Rohkost sollte man immer als Auftakt der Mahlzeit essen, weil sie die Verdauungssäfte anregt. Außerdem enthält sie reichlich Ballaststoffe und zwingt zum gründlichen Kauen, was wiederum den Zähnen und dem Kiefer nützt. Ernährungsfachleute empfehlen, 30 bis 50% der täglichen Nahrung als Frisch- oder Rohkost zu essen. Am besten kombiniert man Rohkost aus allen Teilen der Pflanzen, also Wurzeln, Stiele, Blätter, Samen, Früchte. Wenn Sie sich erst auf die vegetarische Ernährung umstellen, sollten Sie Ihren Körper langsam an Rohkost gewöhnen. Rohkost muß immer unmittelbar vor dem Verzehr zubereitet werden; wertvolle Inhaltsstoffe verflüchtigen sich sonst schon in kurzer Zeit. Übrigens können Sie praktisch jedes Gericht mit etwas Frischem anreichern: Teigwaren- und Hülsenfrucht-Mahlzeiten werden vor dem Servieren mit frischen Kräutern bestreut. Getreide richten Sie mit Getreidekeimen an. Bei Gemüse behalten Sie ein wenig zurück und streuen es zum Schluß roh geraspelt über das gegarte Gericht.

Getreide

Getreide wie Weizen, Roggen, Gerste, Hafer, Hirse, Grünkern, Mais und Reis sollte ebenfalls häufig auf dem Speisezettel stehen, weil es fast alles enthält, was der Körper braucht: Im Keim sitzen Vitamine, Mineralstoffe und Fett sowie hochwertiges Eiweiß. Die Randschichten des Korns liefern neben Mineralstoffen noch reichlich unverdauliche Ballaststoffe. Der Mehlkörper des Weizen- und Roggenkorns besteht vorwiegend aus Stärke, enthält aber auch Klebereiweiß, das zum Backen wichtig ist. Getreide schmeckt als Bestandteil des Müslis, als Suppeneinlage, gekocht, geschmort und gratiniert. Beim Zerkleinern verliert es durch den Luftsauerstoff sofort einen Teil seiner wertvollen Inhaltsstoffe. Deshalb ist es so wichtig, daß es frisch gemahlen oder geschrotet und dann möglichst rasch verarbeitet wird.

Getreidearten, mit denen Sie vielleicht noch nicht so häufig gekocht haben, sind Mais und Hirse. Mais kennt man bei uns vor allem als Beilage oder feine Vorspeise. Er enthält weniger Eiweiß als die anderen Getreidearten (ausgenommen Reis, dessen Eiweißgehalt noch geringer ist). Wenn Sie Mais zusammen mit Hülsenfrüchten - vor allem mit Bohnen - essen, nehmen Sie mit dieser Kombination mehr hochwertiges Nahrungseiweiß auf als mit einer Fleisch- oder Fischmahlzeit. Zuckermais wird unreif geerntet und kommt von August bis in den Spätherbst auf den Markt. Die zarten Kolben schmecken am besten gegrillt mit etwas Butter bestrichen. Manchmal werden auch tiefgefrorene Maiskörner angeboten, die wie Gemüse gedünstet werden. Meist muß man jedoch leider auf den konservierten Mais in Dosen zurückgreifen.

Hirse hat von allen Getreidesorten die kürzeste Garzeit und muß zudem nicht quellen. Sie ist leicht verdaulich, reich an Vitaminen und Mineralstoffen, und die in ihr enthaltenen Spurenelemente sind gut für Zähne und Haut.

Reis ist neben Weizen und Mais die wichtigste Getreideart, von der sich etwa die Hälfte der Weltbevölkerung ernährt. Ähnlich wie Weizen verliert auch Reis durch die industrielle Verarbeitung wertvolle Inhaltsstoffe: Das ganze Korn muß zunächst von den Spelzen befreit werden, damit man es essen kann. Von diesem nunmehr bräunlich-grauen Reiskorn werden Samenschale (Silberhäutchen) und Keim abgeschliffen, womit man den bekannten weißen Reis gewinnt. Samenschale und Keim jedoch enthalten Vitamine und Mineralstoffe, wie auch die eiweiß- und fettreiche Aleuronschicht. Etwas besser steht es um den »Parboiled Reis«. Ihm wird durch ein spezielles Verfahren ein Teil der Vitamine wieder »eingeschmolzen«. Doch enthält auch Parboiled Reis so gut wie keine Ballaststoffe. Ob Sie weißen, Parboiled Reis oder Naturreis verwenden, hängt von Ihrem persönlichen Geschmack ab. Die Rezepte dieses Buches lassen sich mit allen drei Sorten zubereiten. Naturreis erhalten Sie wie gewohnt als Langkorn- oder Rundkornreis. Auch Naturreis ist geschält, das heißt von den Spelzen befreit. Er enthält jedoch noch alle wertvollen Bestandteile des ganzen Reiskorns, einschließlich der Ballaststoffe. Aufgrund des höheren Fettgehaltes ist Naturreis nicht so lange haltbar wie der weiße Reis. Sie sollten ihn deshalb nur in kleinen Mengen kaufen.

Getreideprodukte sind neben Brot und Nudeln auch Grieß, den man aus Weizen oder auch Mais herstellt. Graupen (Perl- oder Rollgerste), sind geschälte, durch Schleifen und Polieren abgerundete Gerstenkörner. Buchweizen dagegen ist kein Getreide, sondern ein Knöterichgewächs mit dreieckigen Früchten, das man jedoch ebenso wie Getreide zubereiten kann.

Hülsenfrüchte

Hülsenfrüchte, die Samen der Hülsenfrüchtler (Leguminosen), liefern neben Kohlenhydraten und Ballaststoffen wertvolles pflanzliches Eiweiß. Bohnensamen und Erbsen gibt es während einer kurzen Zeitspanne frisch auf dem Markt, alle Hülsenfrüchte das ganze Jahr über getrocknet. Hier die Hülsenfrüchte, die Sie vielleicht noch nicht so gut kennen:

Mungobohnen, die grünen Sojabohnen, verwendet man vor allem gekeimt als Sojasprossen. Es sind kleine, sattgrüne Bohnensamen mit gut sichtbarem weißem Keim. Gekeimte Mungobohnen schmecken an Salaten, Suppen, Chinagerichten und als Gemüsebeilage. Sie müssen immer mindestens 2 Minuten blanchiert werden, sonst sind sie gesundheitsschädlich. Übrigens darf man auch die Schoten und Samen anderer Bohnen nicht roh essen, denn erst durch das Garen wird das darin enthaltene natürliche Gift, das Phasin, zerstört.

Kichererbsen sind Hülsenfrüchte mit gelben bis rötlichen, unregelmäßig geformten Samen. Man kann sie kochen, zu Mehl verarbeiten und Klößchen oder auch Konfekt daraus herstellen. Ungekeimte Kichererbsen müssen wie Bohnen und ungeschälte Erbsen vorgeweicht werden. Die Garzeit beträgt dann etwa 2 Stunden.

Rote und schwarze Linsen (Puy-Linsen) sind viel aromatischer als die braunen Linsen und haben eine kürzere Garzeit. Sie sind meist nur in Reformhäusern und Naturkostläden zu bekommen. Linsen müssen nicht vorgeweicht werden. Die Garzeit beträgt bei grün-braunen Linsen etwa 1 Stunde, bei Puy-Linsen 30 bis 45 Minuten und bei roten Linsen höchstens 30 Minuten.

Tofu (Sojabohnenquark)

Das wichtigste Produkt aus gelben Sojabohnen ist Tofu, ein Sojabohnenquark, der in Asien seit Jahrhunderten zu den Grundlebensmitteln zählt und bei uns durch den Trend zu naturgemäßer Ernährung bekannt geworden ist. Tofu ist reich an hochwertigem pflanzlichem Eiweiß, leicht verdaulich, joule-/kalorienarm, enthält nur wenige Kohlenhydrate und ist so vielseitig zu verwenden wie kaum ein anderes Lebensmittel. Je nach seinem Flüssigkeitsgehalt unterscheidet man weichen, normalen und festen Tofu. Der weiche eignet sich für Dressings, Suppen, Saucen, als Füllung für Cannelloni oder als Brotaufstrich, der normale und feste zum Braten oder Schmoren. Festen Tofu können Sie ebenso wie Fleisch behandeln. Er läßt sich panieren und wie ein Schnitzel braten, zu Klößchen und Frikadellen verarbeiten, fritieren, grillen oder gewürfelt als Ragout zubereiten. Reste können Sie entweder einfrieren (er verändert dabei seine Struktur nicht) oder in ein verschließbares Gefäß legen, mit Wasser bedecken und so im Kühlschrank etwa eine Woche aufbewahren. Da Tofu kaum Eigengeschmack besitzt, sollten Sie ihn vor der Zubereitung immer in Sojasauce, gewürztem Öl oder anderen Marinaden ziehen lassen.

Milch und Milchprodukte

Milchprodukte und Rohmilch, Joghurt und Käse sollten Sie ebenfalls auf Ihren Speisezettel setzen. Bei Sauermilchprodukten sind solche mit überwiegendem Anteil an rechtsdrehender Milchsäure (auf der Packung angegeben) empfehlenswert. Diese wird im Stoffwechsel schneller umgesetzt und vollständig verwertet. Auch auf Eier und Butter brauchen Sie nicht zu verzichten. In Maßen genossen sind tierisches Eiweiß und Fett eine vernünftige Ergänzung zur vegetarischen Kost.

Zuerst etwas Frisches – so lautet ein Prinzip der vegetarischen Küche. Deshalb enthält dieses Kapitel neben feinen Vorspeisen auch Rezepte für knackig-frische Salate und gesunde Rohkost, die hervorragend schmeckt.

Gemüseterrine mit scharfer Tomatensauce

Gemüseterrinen lassen sich gut vorbereiten und schmecken kalt oder warm. Sie eignen sich als feine Vorspeise oder – mit Salat – auch als leichtes kleines Gericht.

Zutaten für 6 Personen:
500 g Broccoli · Salz · 250 g frischer Spinat · 5 große Weißkohl- oder Chinakohlblätter · 2 kleine Zwiebeln · 2 Knoblauchzehen · 150 g Tofu · 4 Eier · 2 Eßl. Crème fraîche · 50 g Pistazienkerne · 1 Eßl. altbackenes Vollkornbrot, frisch gerieben · 2 Eßl. Parmesan, frisch gerieben · Cayennepfeffer · Muskatnuß, frisch gerieben · 750 g vollreife Tomaten · 1 Bund Suppengrün · 1 Eßl. Olivenöl · 2 Zweige frischer Thymian · 1–2 getrocknete rote Pfefferschoten · 1 Prise Zucker
Für die Form: Butter
Pro Portion etwa 1140 Joule/270 Kalorien
17 g Eiweiß · 14 g Fett · 18 g Kohlenhydrate

- Vorbereitungszeit: etwa 1 Stunde
- Garzeit: 1¾–2 Stunden

So wird's gemacht: Den Broccoli putzen, waschen und in wenig Salzwasser in etwa 20 Minuten sehr weich garen. Inzwischen den Spinat verlesen, die Kohlblätter von den dicken Rippen befreien und beide Gemüse gründlich waschen. • Den Broccoli sehr gut abtropfen lassen. Den Spinat im Broccoli-Kochwasser bei mittlerer Hitze nur zusammenfallen lassen und ebenfalls wieder herausnehmen. Die Kohlblätter im sprudelnd kochenden Wasser etwa 2 Minuten blanchieren, bis sie weich sind. Die Kohlblätter herausnehmen und vorsichtig auf einem Brett ausbreiten. • Die Zwiebeln und die Knoblauchzehen schälen. • Den Broccoli, den Spinat, je 1 Zwiebel und Knoblauchzehe und den abgetropften Tofu im Mixer pürieren oder zweimal durch den Fleischwolf drehen. • Die Masse mit den Eiern, der Crème fraîche, den Pistazien, den Brotbröseln und dem Käse mischen, dann mit Salz, Cayennepfeffer und Muskat pikant abschmecken. • Den Backofen auf 180° vorheizen. Eine Terrinenform mit Deckel mit reichlich Butter ausstreichen und mit den Kohlblättern auslegen. Die Gemüsemasse einfüllen und glattstreichen. Die überstehenden Kohlblätter darüber zusammenfalten. • Die Form schließen und in eine Bratreine stellen. So viel heißes Wasser dazugießen, daß die Form etwa zur Hälfte darin steht. Die Gemüseterrine im Backofen in 1¾ bis 2 Stunden garen. • Für die Tomatensauce die Tomaten waschen, von den Stielansätzen befreien und grobwürfeln. Die restliche Zwiebel und die Knoblauchzehe sowie das geputzte, gewaschene Suppengrün ebenfalls in Würfel schneiden. • Das Olivenöl in einem Topf erhitzen. Das gewürfelte Gemüse darin bei mittlerer Hitze anbraten. Die gewaschenen Thymianzweige, die zerriebenen Pfefferschoten, Salz und den Zucker hinzufügen. • Die Tomaten zugedeckt bei schwacher Hitze etwa 1 Stunde köcheln lassen. • Das Tomatenmus durch ein Haarsieb passieren, dann dickflüssig einkochen lassen. • Die Gemüseterrine herausnehmen und in der Form etwa 10 Minuten abkühlen lassen, dann den Saft abgießen, der sich in der Form gesammelt hat. Die Terrine auf eine Platte geben, lauwarm abkühlen oder vollkommen erkalten lassen, in Scheiben schneiden und mit der Tomatensauce servieren.

Das paßt dazu: Vollkornbrot oder Weizenkeimbrötchen mit Butter

Marinierte Linsen

Zutaten für 4 Personen:
1 große Zwiebel · ⅛ l Olivenöl · 250 g braune Linsen · ¼ l trockener Weißwein · ¼ l Gemüsebrühe (frisch gekocht oder Instant) · 1 unbehandelte Zitrone · 1 Lorbeerblatt · 4 weiße Pfefferkörner · 1 Bund Petersilie · 250 g vollreife Tomaten · Salz · 1 Prise Zucker
Pro Portion etwa 2395 Joule/570 Kalorien
16 g Eiweiß · 32 g Fett · 44 g Kohlenhydrate

- Vorbereitungszeit: etwa 10 Minuten
- Garzeit: etwa 45 Minuten

So wird's gemacht: Die Zwiebel schälen und feinwürfeln. • Das Olivenöl in einem Topf erhitzen. Die Zwiebelwürfel darin glasig braten. Die Linsen hinzufügen und bei mittlerer Hitze unter Rühren anbraten. Den Weißwein und die Gemüsebrühe hinzugießen. Die Zitrone heiß waschen, ein etwa 3 cm langes Stück Schale hauchdünn abschneiden und die Zitrone dann auspressen. Die Zitronenschale und den Saft, das Lorbeerblatt, die Pfefferkörner und die Stiele der gewaschenen Petersilie zu den Linsen geben. Alles einmal aufkochen lassen. Die Linsen zugedeckt bei schwacher Hitze in etwa 40 Minuten garen, bis sie kernig weich sind. • Inzwischen die Tomaten überbrühen, häuten und würfeln, dabei von ihren Stielansätzen und den Kernen befreien. Die Petersilie feinhacken. Beides zu den Linsen geben und alles weitere 5 Minuten köcheln lassen. • Die Zitronenschale, das Lorbeerblatt und die Petersilienstiele entfernen. Die Linsen mit Salz und dem Zucker abschmecken und erkalten lassen.

Das paßt dazu: geröstete Schwarzbrotschnitten mit Knoblauchbutter

Weizen-Linsen-Salat

Zutaten für 4 Personen:
100 g Weizenkörner · knapp ½ l Wasser · 100 g schwarze Linsen (Puy-Linsen) · 2 vollreife Tomaten · 1 grüne Paprikaschote · 1 Bund Frühlingszwiebeln · 1 Bund Dill · 1 Kästchen Kresse · 4 Eßl. Weißwein- oder Sherryessig · Salz · schwarzer Pfeffer, frisch gemahlen · 5 Eßl. kaltgepreßtes Sonnenblumenöl
Pro Portion etwa 1295 Joule/310 Kalorien
11 g Eiweiß · 14 g Fett · 35 g Kohlenhydrate

- Zubereitungszeit: etwa 2 Stunden

So wird's gemacht: Die Weizenkörner mit der Hälfte des Wassers übergießen, einmal aufkochen und zugedeckt bei schwacher Hitze 1 Stunde kochen lassen. • Den Topf dann vom Herd ziehen und den Weizen 1 weitere Stunde quellen lassen. • Die Linsen im restlichen Wasser in etwa 30 Minuten garen, bis sie weich, aber noch bißfest sind. • Die Tomaten und die Paprikaschote waschen, abtrocknen, von den Stielansätzen (die Paprikaschote auch von den weißen Häuten und Kernen) befreien und würfeln. Die Frühlingszwiebeln putzen, waschen, trockenschwenken und mit etwa zwei Drittel ihres Grüns in feine Ringe schneiden. Den Dill waschen, trockenschwenken und fein zerkleinern. Zwei Drittel der Kresse mit einer Küchenschere abschneiden. • Alle diese Zutaten mit dem Weizen und den lauwarm abgekühlten Linsen mischen. • Den Essig mit Salz und Pfeffer verrühren, das Öl tropfenweise unterrühren. Die Marinade über den Salat gießen. Den Salat zugedeckt 1 Stunde durchziehen lassen, dann mit der restlichen Kresse bestreut servieren.

Variante: Sprossensalat mit Tofu und Pilzen
Je 50 g Weizenkörner, Kichererbsen und Mungobohnen etwa 3 Tage keimen lassen. 200 g abge-

tropften Tofu in etwa 1 cm große Würfel schneiden, mit 2 Eßlöffeln Sojasauce übergießen und 2 Stunden marinieren, dabei immer wieder wenden. Für die Salatsauce 4 Eßlöffel Sherryessig mit je 2 Eßlöffeln trockenem Sherry und Sojasauce, wenig Salz, frisch gemahlenem schwarzem Pfeffer und 4 Eßlöffeln Sonnenblumenöl verrühren. Die Tofuwürfel in 2 Eßlöffeln Sonnenblumenöl rundherum goldbraun braten, herausnehmen und in eine Salatschüssel geben. Die gekeimten Weizenkörner, die Kichererbsen und die Mungobohnen kalt abspülen, mit Wasser bedecken, einmal aufkochen und etwa 2 Minuten kochen lassen. Die Sprossen abgießen und lauwarm abkühlen lassen. 150 g braune Egerlinge putzen, gegebenenfalls waschen, und blättrig schneiden. Die Sprossen und die Pilze zum Tofu geben. Die Salatsauce darübergießen, alles vorsichtig mischen und mit 2 Eßlöffeln Schnittlauchröllchen bestreut servieren.

Variante: Rettichsalat mit Gurke und Nüssen
1 weißen Rettich von etwa 300 g und 1 Stück Salatgurke von etwa 200 g schälen und raspeln. Beide Zutaten mischen, mit Kräutersalz bestreuen und 5 Minuten ziehen lassen. Dann die Flüssigkeit, die sich gebildet hat, abgießen. Die Rettich-Gurken-Mischung mit 50 g grobgehackten Walnußkernen vermengen. 1 Becher Magerjoghurt mit 2 Eßlöffeln Crème fraîche, 3 Eßlöffeln frisch gehackten, gemischten Kräutern (oder 1 Päckchen tiefgefrorenen Kräutern), 1 Eßlöffel Zitronensaft, Salz, frisch gemahlenem weißem Pfeffer und 1 Teelöffel Öl verrühren. Die Sauce über den Salat gießen und alles vorsichtig mischen.

Variante: Blattsalat mit Croûtons
500 g gemischte Blattsalate wie Friséesalat, Radicchio, Feldsalat und Eichblattsalat putzen, waschen, trockenschwenken und in Stücke zupfen. 2 Weizenkeimbrötchen würfeln und bei mittlerer Hitze in 3 Eßlöffeln heißer Butter rundherum goldbraun rösten. Die Pfanne vom Herd ziehen, 1 geschälte, zerdrückte Knoblauchzehe zu den Brotwürfeln geben und alles noch einmal durchmischen. 3 Eßlöffel milden Rotweinessig mit Salz, frisch gemahlenem weißem Pfeffer, 1 Prise Zucker und 1 Teelöffel Kräutersenf verrühren. 5 Eßlöffel Olivenöl nach und nach unterrühren. Die Salate auf einer Platte anrichten, mit der Sauce übergießen und mit den Croûtons sowie 1 Eßlöffel Kürbiskernen bestreuen.

Variante: Gemischter Rohkostsalat
400 g gemischtes junges Gemüse wie Kohlrabi, Möhren, Salatgurke, Fenchel und Blumenkohl putzen beziehungsweise schälen, waschen und fein zerkleinern. Die Rohkost mit je 50 g Rosinen und gehackten Haselnußkernen mischen. 1 Becher saure Sahne (250 g) mit 1 Eßlöffel Sahne, 2 Eßlöffeln Himbeeressig, 1 Prise Zucker, Salz und frisch gemahlenem weißem Pfeffer verrühren. Die Rohkost mit der Salatsauce mischen.

Auberginenmus rumänische Art

Zutaten für 4 Personen:
500 g Auberginen · 1 Schalotte · 3 Knoblauchzehen · 5 Zweige frischer Thymian · ½ Bund Petersilie · Saft von ½ Zitrone · 1 Becher Magerjoghurt · 1 Eßl. kaltgepreßtes Sonnenblumenöl · Salz · schwarzer Pfeffer, frisch gemahlen · 2 vollreife Tomaten · 12 schwarze Oliven
Pro Portion etwa 590 Joule/140 Kalorien
4 g Eiweiß · 8 g Fett · 12 g Kohlenhydrate

- Zubereitungszeit: etwa 1½ Stunden

So wird's gemacht: Den Backofen auf 200° vorheizen. • Die Auberginen mit der Schale auf den Rost legen, in den heißen Backofen schieben und etwa 1 Stunde backen, bis sie weich sind. •

Die Schalotte und die Knoblauchzehen schälen und feinhacken. Die Kräuter waschen, die Blättchen abzupfen, trockentupfen und ebenfalls fein zerkleinern. • Die Auberginen etwas abkühlen lassen, dann halbieren. Das Fruchtfleisch mit einem Löffel herauskratzen und mit dem Zitronensaft beträufeln. Die Schalotte, den Knoblauch, die Kräuter, den Joghurt und das Öl hinzufügen, alles mischen. Das Auberginenmus mit Salz und Pfeffer abschmecken und auf einer Platte anrichten. • Die Tomaten waschen, abtrocknen und in Achtel schneiden, dabei die Stielansätze entfernen. • Das Auberginenmus mit den Tomaten und den abgetropften Oliven garnieren.

Das paßt dazu: Fladenbrot, das es in türkischen Lebensmittelläden zu kaufen gibt, oder auch Bauernbrot.

Kräuterkäse mit Sonnenblumenkernen

Zutaten für 4 Personen:
2 Knoblauchzehen · 5 Zweige frischer Thymian · 75 g Sonnenblumenkerne · 200 g körniger Frischkäse · 100 g griechischer Schafkäse · 50 g weiche Butter · 75 g Parmesan, frisch gerieben · ½ Becher Crème fraîche (100 g) · weißer Pfeffer, frisch gemahlen
Pro Portion etwa 2280 Joule/545 Kalorien
27 g Eiweiß · 45 g Fett · 6 g Kohlenhydrate

- Zubereitungszeit: etwa 15 Minuten

So wird's gemacht: Die Knoblauchzehen schälen und so fein hacken, daß sie musig sind oder durch die Knoblauchpresse drücken. Den Thymian waschen, trockentupfen und die Blättchen von den Stielen zupfen. Die Sonnenblumenkerne in einer trockenen Pfanne hellbraun rösten. Den Frischkäse mit dem Schafkäse, der Butter, dem Parmesan und der Crème fraîche verrühren. Den Thymian und die Sonnenblumenkerne untermischen und den Käse mit Pfeffer würzen.

Das paßt dazu: Roggenbrot oder Knäckebrot

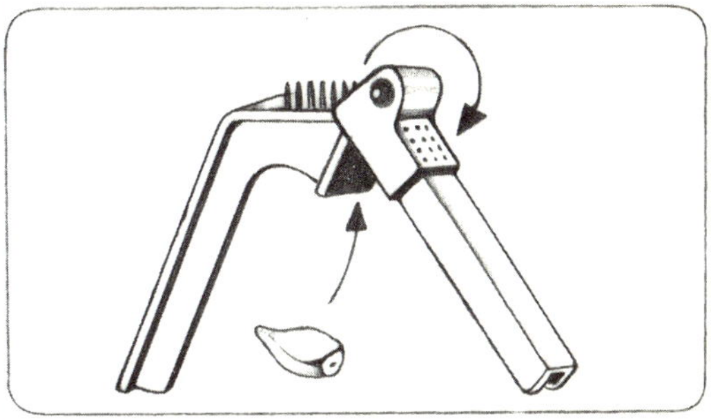

Eine Knoblauchpresse ist eine wichtige Anschaffung für alle, die Knoblauch gerne mögen. Darin läßt er sich leicht ganz fein zerdrücken.

Kürbis in Knoblauchöl

Dieses leichte Vorgericht können Sie je nach Saison auch mit Zucchini, Auberginen oder frischen Pilzen zubereiten.

Zutaten für 4 Personen:
500 g Kürbis · 3–4 Knoblauchzehen · 10 Blättchen frischer Salbei · knapp ⅛ l Olivenöl · Saft von 1 Zitrone · Salz · schwarzer Pfeffer, frisch gemahlen
Pro Portion etwa 1265 Joule/300 Kalorien
2 g Eiweiß · 29 g Fett · 9 g Kohlenhydrate

- Vorbereitungszeit: etwa 20 Minuten
- Garzeit: etwa 15 Minuten

So wird's gemacht: Den Kürbis schälen und halbieren. Die Kerne entfernen und das Fruchtfleisch in etwa 2 cm dicke Scheiben schneiden.

Die Knoblauchzehen schälen und feinhacken, die Salbeiblättchen waschen, trockentupfen und in Streifen schneiden. • Das Olivenöl portionsweise in einer Pfanne erhitzen. Die Kürbisscheiben darin bei mittlerer Hitze pro Seite etwa 3 Minuten braten, bis sie weich und außen goldbraun sind, dann auf eine Platte legen. • Die Pfanne vom Herd nehmen. Den Zitronensaft, den Knoblauch und den Salbei im noch heißen Öl unter ständigem Rühren nur anschwitzen. Alles über den Kürbis gießen, mit Salz und Pfeffer würzen. Den Kürbis lauwarm oder kalt servieren.

Das paßt dazu: Bauern- oder Vollkornbrot

Ratatouille mit Kräuterbrötchen

Dieses Gericht schmeckt an warmen Sommerabenden zu einem Gläschen Rotwein. Aber auch im Winter können Sie die Ratatouille zubereiten: Ersetzen Sie die angegebenen Gemüse einfach durch Fenchel, Möhren, Lauch (Porree) und eventuell Mangold.

Zutaten für 6 Personen:
1 Aubergine von etwa 300 g · Salz · 250 g Zucchini · je 1 grüne, rote und gelbe Paprikaschote · 1 Gemüsezwiebel · 500 g Flaschen- oder Eiertomaten · ⅛ l Öl · schwarzer Pfeffer, frisch gemahlen · je 1 Bund Petersilie und Basilikum · 1 Zweig frischer Salbei · 2 Zweige frischer Thymian · 2 Eßl. Parmesan, frisch gerieben · 4 Eßl. Olivenöl · 3 Weizenkeimbrötchen
Pro Portion etwa 1670 Joule/400 Kalorien
8 g Eiweiß · 30 g Fett · 24 g Kohlenhydrate

- Vorbereitungszeit: etwa 1 Stunde
- Garzeit: 20 Minuten

So wird's gemacht: Die Aubergine waschen, abtrocknen, vom Stielansatz befreien und der Länge nach in etwa 1 cm dicke Scheiben schneiden. Die Scheiben mit Salz bestreuen und 10 Minuten ziehen lassen. Die Zucchini und die Paprikaschoten ebenfalls waschen, abtrocknen und von ihren Stielansätzen befreien. Die Zucchini in Scheiben schneiden, die Paprikaschoten achteln und dabei die weißen Häute und die Kerne entfernen. Die Gemüsezwiebel schälen, halbieren und in Ringe schneiden. Die Tomaten überbrühen, häuten und vierteln, dabei die Stielansätze und die Kerne entfernen. • Den Backofen auf 220° vorheizen. • Das Öl portionsweise in einer Pfanne erhitzen. Die abgetupften Auberginenscheiben darin auf beiden Seiten anbraten, dann herausnehmen und eine feuerfeste Form damit auslegen. Die Zucchinischeiben, die Schotenachtel, die Zwiebelringe und die Tomatenviertel nacheinander in Öl anbraten und in die Form schichten. Jede Lage Gemüse mit Salz und Pfeffer bestreuen. • Die Ratatouille im Backofen auf der unteren Schiene 20 Minuten garen. • Für die Kräuterbrötchen alle Kräuter waschen, die Blätter von den Stielen zupfen, trockentupfen und sehr fein zerkleinern. Mit dem Käse und dem Olivenöl zu einer Paste mischen und mit Pfeffer würzen. • Die Brötchen halbieren, die Hälften mit der Kräuterpaste bestreichen, zur Ratatouille in den Ofen schieben und alles weitere 10 Minuten backen.

Mein Tip Die Ratatouille schmeckt auch kalt, läßt sich also gut vorbereiten. Wenn Sie in diesem Fall den Backofen wegen der Brötchen nicht eigens anheizen wollen, servieren Sie Vollkorn- oder Roggenbrot und Kräuterbutter dazu.

Italienischer Brotsalat

Eine Spezialität aus der Toskana, die eigentlich mit Weizenmischbrot zubereitet wird. Vollkornbrot macht den Salat würziger und gesünder.

Zutaten für 4–5 Personen:
300 g Vollkornbrot · 3 Zwiebeln · 1 Knoblauchzehe · ¼ l Gemüsebrühe (Instant) · 3 Eßl. Weißweinessig · 1 Lorbeerblatt · 1 Zweig frischer Thymian · 750 g Fleischtomaten · 2 Bund Basilikum oder Petersilie · 2 Eßl. Pinienkerne · 3 Eßl. Kapern · knapp ⅛ l kaltgepreßtes Olivenöl · Salz · schwarzer Pfeffer, frisch gemahlen
Pro Portion etwa 1825 Joule/435 Kalorien
8 g Eiweiß · 28 g Fett · 36 g Kohlenhydrate

- Zeit zum Trocknen des Brotes: 1 Tag
- Zubereitungszeit: etwa 30 Minuten
- Marinierzeit: 1 Stunde

So wird's gemacht: Das Vollkornbrot in dünne Scheiben schneiden und ausgebreitet einen Tag trocknen lassen. • 1 Zwiebel und die Knoblauchzehe schälen, halbieren, in Scheiben schneiden und mit der Gemüsebrühe, dem Essig, dem Lorbeerblatt und dem gewaschenen Thymianzweig einmal aufkochen und zugedeckt bei schwacher Hitze 10 Minuten köcheln lassen. • Den Sud durch ein Sieb gießen und erkalten lassen. • Die Brotscheiben in Stücke brechen, in eine Schüssel geben und mit dem Sud übergießen. • Die restlichen Zwiebeln schälen und feinhacken. Die Fleischtomaten waschen, abtrocknen und kleinwürfeln, dabei die Stielansätze entfernen. Das Basilikum oder die Petersilie waschen, die Blättchen abzupfen und trockentupfen. • Das Brot mit zwei Gabeln zerpflücken, mit den Zwiebeln, den Tomaten, den Kräutern, den Pinienkernen und den abgetropften Kapern mischen. Das Olivenöl darüberträufeln, den Brotsalat mit Salz und Pfeffer würzen.

Gemüserohkost mit Tofu- und Quarksauce

Zutaten für 4 Personen:
200 g Tofu · 1 Becher Crème fraîche (200 g) · ½ Eßl. Zitronensaft · 1 Eßl. Kürbiskerne · 4 Eßl. gemischte Kräuter wie Borretsch, Basilikum, Dill und Kresse, frisch gehackt oder 1 Päckchen tiefgefrorene gemischte Kräuter · Salz · weißer Pfeffer, frisch gemahlen · 250 g Magerquark · ⅛ l Sahne · 1 kleine Zwiebel · 1 Bund Dill · 1 Prise Zucker · 1 Teel. Olivenöl · je 250 g junge Möhren, Kohlrabi und Staudensellerie
Pro Portion etwa 1615 Joule/385 Kalorien
18 g Eiweiß · 25 g Fett · 22 g Kohlenhydrate

- Zubereitungszeit: etwa 45 Minuten

So wird's gemacht: Den abgetropften Tofu kleinwürfeln und mit der Crème fraîche und dem Zitronensaft im Mixer pürieren. Die Kürbiskerne und die Kräuter untermischen. Die Sauce mit Salz und Pfeffer pikant würzen. • Den Quark mit der Sahne glattrühren. Die Zwiebel schälen und feinhacken. Den Dill waschen, trockentupfen und ebenfalls ganz fein zerkleinern. Beide Zutaten unter die Quarksauce mischen, mit Salz, Pfeffer, dem Zucker und dem Olivenöl abschmekken. • Die Möhren gründlich waschen und längs vierteln. Die Kohlrabi schälen, von eventuell holzigen Stellen befreien und in etwa fingerdicke Stifte schneiden. Den Sellerie waschen, die harten Fasern abziehen und die Stangen einmal längs teilen. Das Gemüse und die Saucen getrennt anrichten.

Das paßt dazu: Vollkornbrot und Butter

Suppen sollen nicht sättigen, sondern Appetit auf den nächsten Gang machen. Das gilt ebenso für die neuen Suppen mit Hülsenfrüchten und Getreide wie für die klaren oder sahnigen Gemüsesuppen, die ich Ihnen hier vorstelle. Bei den Eintöpfen finden Sie beides: die kräftigen, die ein Hauptgericht ersetzen und die feinen, leichten, mit denen Sie den kleinen Hunger Ihrer Familie stillen können.

Gemüsebrühe

Eine frisch gekochte Gemüsebrühe schmeckt ebenso köstlich und kräftig wie Fleischbrühe. Hier finden Sie das Grundrezept und ein paar Vorschläge für feine Suppeneinlagen. Gemüsebrühe hält sich im Kühlschrank etwa drei Tage und läßt sich sehr gut einfrieren.

Zutaten für knapp 1½ l Brühe:
250 g Lauch (Porree) · 350 g Möhren · 1 Petersilienwurzel · 1 Fenchelknolle von etwa 250 g · 450 g Staudensellerie · 1 Zwiebel · 1 Knoblauchzehe · 1 Bund Petersilie · einige Zweige frischer Thymian · 1 Lorbeerblatt · 4 weiße Pfefferkörner · 2 Wacholderbeeren · 2 Gewürznelken · 1½ l Wasser · Salz
Joule- und Kalorienzahl sind so gering, daß sie sich nicht berechnen lassen.

- Vorbereitungszeit: etwa 20 Minuten
- Garzeit: 30 Minuten

So wird's gemacht: Die Wurzelansätze und die welken grünen Blätter der Lauchstangen abtrennen. Die gestutzten Blätter bis zum weißen Teil der Lauchstangen kreuzweise einschneiden. Die Blätter auseinanderbiegen und alle Schmutzreste, die sich dazwischen festgesetzt haben, mit kaltem Wasser abspülen. Den Lauch in Ringe schneiden. Die Möhren und die Petersilienwurzel schälen, waschen und würfeln. Die Fenchelknolle halbieren und den keilförmigen Strunk mit einem spitzen Messer herausschneiden. Die Hälften waschen und quer zu den Fasern in etwa 1 cm breite Streifen teilen. Den Sellerie putzen, in die einzelnen Stangen aufteilen, waschen und ebenfalls zerkleinern. Die Zwiebel und die Knoblauchzehe schälen und halbieren. Die Petersilie und den Thymian waschen. • Alle vorbereiteten Zutaten mit dem Lorbeerblatt, den Pfefferkörnern, den Wacholderbeeren und den Gewürznelken in einen Topf geben. Das Wasser dazugießen und zum Kochen bringen. Die Brühe zugedeckt bei schwacher Hitze etwa 30 Minuten köcheln lassen. • Ein Sieb mit einem Mulltuch auslegen und die Brühe durch das Sieb gießen. Das Gemüse dabei mit einem Holzspatel ausdrücken und dann wegwerfen. Die Gemüsebrühe mit Salz abschmecken, auf vorgewärmte Teller verteilen und entweder mit kurz gegartem Gemüse und frisch gehackten Kräutern gleich anrichten oder als Grundlage für andere klare oder für Gemüsepüreesuppen verwenden.

Variante: Gemüsebrühe mit grünen Spätzle
3 Bund Petersilie waschen, die Blättchen abzupfen, trockentupfen und sehr fein zerkleinern. 150 g Weizen-Vollkornmehl mit 1 Prise Salz, 1 Ei, 1 Eigelb und der Petersilie zu einem zähflüssigen Teig verrühren. Wenn er zu fest ist, einige Tropfen kaltes Wasser hinzufügen, unter zu flüssigen Teig noch etwas Mehl mischen. Den Teig 30 Minuten ruhen lassen, dann durch den Spätzlehobel in etwa 1 l kochende Gemüsebrühe drücken. Die Spätzle in der Brühe nur so lange garen, bis sie an die Oberfläche steigen. Die Suppe auf vier Suppenteller verteilen und mit Schnittlauchröllchen bestreut servieren.

Variante: Gemüsebrühe mit Kräuterbiskuits
Den Backofen auf 200° vorheizen. 3 Eigelbe mit 60 g weicher Butter schaumig rühren. Salz, frisch gemahlenen weißen Pfeffer und 3 Eßlöffel frisch

gehackte, gemischte Kräuter wie Schnittlauch, Petersilie und Kerbel untermischen. 3 Eiweiße sehr steif schlagen und auf die Eigelbmasse gleiten lassen. Je 30 g Weizen-Vollkornmehl, Speisestärke und frisch geriebenen Hartkäse daraufgeben und alles vorsichtig mischen. Eine Springform von 26 cm Durchmesser mit Butter ausstreichen und mit Vollkornmehl ausstreuen. Den Teig einfüllen und glattstreichen. Die Form in den Backofen schieben und den Biskuit etwa 25 Minuten backen. Die Teigplatte in der Form 10 Minuten stehenlassen, dann in Rauten schneiden. Die Rauten herauslösen und auf 4 Teller verteilen. Etwa 1 l Gemüsebrühe zum Kochen bringen und über die Biskuits gießen. Die Suppe mit gehackten Kräutern bestreuen.

Variante: Gemüsebrühe mit Broccoli und Eierstich
Den Backofen auf 150° vorheizen. 4 Eier mit 1 kräftigen Prise Salz, frisch gemahlenem weißem Pfeffer, geriebener Muskatnuß, 1 Eßlöffel frisch gehackter Petersilie und 5 Eßlöffeln kalter Milch verquirlen. Eine feuerfeste, flache Form mit Butter ausstreichen und die Eiermasse hineingießen. Die Form in ein heißes Wasserbad stellen. Den Eierstich im Backofen zugedeckt in etwa 45 Minuten stocken lassen, dann mit einem spitzen Messer vom Rand der Form lösen, stürzen, in Würfel schneiden und auf sechs Suppenteller verteilen. 1½ l Gemüsebrühe zum Kochen bringen und 300 g geputzten, kleingeschnittenen Broccoli darin in etwa 3 Minuten garen. Die Suppe über den Eierstich geben.

Variante: Gemüsesuppe mit Kresse und Tofu
200 g abgetropften Tofu in etwa 1 cm große Würfel schneiden und in 3 Eßlöffeln Sojasauce 2 Stunden marinieren. Die Würfel dann in Weizen-Vollkornmehl wenden und in heißer Butter rundherum goldgelb braten. 1 l Gemüsebrühe mit ⅛ l Sahne erhitzen und mit Kräutersalz, Cayennepfeffer und geriebener Muskatnuß pikant abschmecken. Die Blätter von 1 Kästchen Gartenkresse abschneiden und zusammen mit dem gebratenen Tofu auf vier Suppenteller verteilen. Die Suppe darübergießen.

Variante: Gemüsebrühe mit Wirsing und Pilzen
1 Schalotte schälen und feinhacken. 150 g geputzte, von den harten Rippen befreite Wirsingblätter in feine Streifen schneiden. 150 g geputzte braune Egerlinge feinblättrig schneiden. 1 Eßlöffel Butter erhitzen. Die Schalotte darin anschwitzen. Den Wirsing und die Pilze dazugeben und kurz mitbraten. 1 l heiße Gemüsebrühe und 100 g Crème fraîche hinzufügen, einmal aufkochen und etwa 2 Minuten zugedeckt köcheln lassen. Die Suppe mit frisch gemahlenem weißem Pfeffer und geriebener Muskatnuß abschmecken, auf vier Suppenteller verteilen und mit gehackter Petersilie bestreut servieren.

Möhren-Kartoffelsuppe mit Sahne

Zutaten für 4 Personen:
200 g Möhren · 300 g mehligkochende Kartoffeln · 1 Zwiebel · 1 Eßl. Butter · ¼ l Sahne · 1 unbehandelte Zitrone · ½ l heiße Gemüsebrühe, frisch gekocht · 1 Eßl. Emmentaler Käse, frisch gerieben · 4 Eßl. Petersilie, frisch gehackt · Salz · weißer Pfeffer, frisch gemahlen
Pro Portion etwa 1495 Joule/355 Kalorien
5 g Eiweiß · 27 g Fett · 22 g Kohlenhydrate

- Vorbereitungszeit: etwa 15 Minuten
- Garzeit: etwa 10 Minuten

So wird's gemacht: Die Möhren und die Kartoffeln schälen, waschen und auf der Rohkostreibe grob raspeln. Die Zwiebel schälen und feinhakken. • Die Butter in einem Topf erhitzen, aber nicht bräunen. Die Zwiebel darin unter Rühren glasig braten. Die Möhren- und die Kartoffelraspel dazugeben und unter ständigem Wenden kurz anbraten. Die Sahne dazugießen, alles einmal aufkochen und das Gemüse zugedeckt bei schwacher Hitze in etwa 10 Minuten weich kochen. Dabei häufig umrühren, damit nichts anbrennt. • Ein etwa 2 cm langes Stück Zitronenschale hauchdünn abschneiden und ganz fein hacken. Die Zitrone auspressen und den Saft beiseite stellen. • Die Brühe in das gegarte Gemüse rühren. Die Zitronenschale, den Käse und die Petersilie daruntermischen. Die Suppe mit dem Zitronensaft, Salz und Pfeffer abschmecken und sofort servieren.

Variante: Tomatencreme mit Basilikum
1 kg vollreife Tomaten waschen, abtrocknen und vierteln, dabei die Stielansätze entfernen. 1 Zwiebel und 3 Knoblauchzehen schälen und feinhakken. 2 Eßlöffel Olivenöl in einem Topf erhitzen. Die Zwiebel und den Knoblauch darin bei schwacher Hitze unter Rühren glasig braten. Die Tomaten hinzufügen und kurz mitschmoren. Je 1 Zweig frischen Thymian und Rosmarin dazugeben. Den Topf schließen und die Tomaten bei schwacher Hitze 15 Minuten leise kochen lassen; gelegentlich umrühren. Die Kräuterzweige entfernen. Die Tomaten durch ein Sieb streichen und wieder in den Topf geben. Je ¼ l Milch und Sahne untermischen. Alles noch einmal erhitzen, dann mit Salz, 1 Prise Zucker und frisch gemahlenem schwarzem Pfeffer abschmecken. 1 bis 2 Bund Basilikum waschen, die Blättchen abzupfen, trockentupfen, feinhacken und in die Suppe geben.

Variante: Blumenkohlsuppe mit Käsecroûtons
1 Blumenkohl von etwa 800 g putzen, in Röschen teilen und waschen; mit 1 Bund gewaschener Petersilie, ½ l Gemüsebrühe, 1 Prise Zucker und eventuell Salz zum Kochen bringen und zugedeckt bei schwacher Hitze in etwa 30 Minuten garen. 2 Scheiben Vollkornbrot halbieren. 2 Eßlöffel Butter in einer Pfanne erhitzen. Das Brot darin auf beiden Seiten leicht anrösten. Den Elektrogrill oder den Backofen auf 250° vorheizen. Den gegarten Blumenkohl und die Petersilie in der Brühe pürieren. 1 Becher Crème fraîche (200 g) darunterrühren. Die Suppe mit frisch gemahlenem weißem Pfeffer und frisch geriebener Muskatnuß abschmecken und in 4 feuerfeste Suppentassen füllen. Die Brotscheiben darauflegen und jede mit 1 Eßlöffel frisch geriebenem mittelaltem Goudakäse bestreuen. Die Suppentassen unter den Grill oder in den Backofen schieben und den Käse so lange überbacken, bis er eine zarte goldbraune Kruste bekommt.

Variante: Grünkohlsuppe mit Sesamsamen
Die Blätter von 1 kg Grünkohl abstreifen, die Stiele wegwerfen. Die Blätter gründlich waschen und grob zerkleinern. 1 Zwiebel und 1 Knoblauchzehe schälen, feinhacken und in 2 Eßlöffeln Butter glasig braten. Den Grünkohl dazugeben und kurz mitschmoren. ¾ l heiße Gemüsebrühe dazugießen, alles einmal aufkochen und zugedeckt bei schwacher Hitze 10 Minuten köcheln lassen. 4 Eßlöffel ungeschälte Sesamsamen in 1 Eßlöffel erhitztem Öl so lange rösten, bis sie einen zarten Duft ausströmen. Die Suppe eventuell pürieren. ¼ l Sahne dazugießen und die Suppe noch einmal erhitzen; mit frisch gemahlenem weißem Pfeffer und Salz abschmecken und mit dem Sesam bestreut anrichten.

Für den Gemüsetopf mit Nudeln eignen sich alle Gemüse der Saison. Auch beim Käse können Sie variieren: Kräftiger schmeckt der Eintopf mit Parmesan oder Emmentaler, milder mit jungem Gouda oder Bergkäse. Rezept Seite 20. ▷

Sahnesuppe mit schwarzen Linsen

Eine feine, leichte Vorsuppe, die sich rasch zubereiten läßt und hervorragend schmeckt.

Zutaten für 4 Personen:
½ l Gemüsebrühe · ½ l Sahne · 150 g kleine schwarze Linsen (Puy-Linsen) · 2 Bund Schnittlauch · Salz · weißer Pfeffer, frisch gemahlen
Pro Portion etwa 2165 Joule/515 Kalorien
12 g Eiweiß · 40 g Fett · 26 g Kohlenhydrate

- Zubereitungszeit: etwa 20 Minuten

So wird's gemacht: Die Gemüsebrühe und etwa drei Viertel der Sahne zum Kochen bringen. Die Linsen darin einmal aufkochen lassen und zugedeckt bei schwacher Hitze in 30 Minuten garen. Sie haben dann noch »Biß«. • Die restliche Sahne steif schlagen. Den Schnittlauch abspülen, trockentupfen und in feine Röllchen schneiden. • Etwa die Hälfte des Schnittlauchs in die Suppe mischen. Die Suppe mit Salz und Pfeffer abschmecken und auf vorgewärmte Teller verteilen. Jede Portion mit 1 Sahnetupfen garnieren und mit Schnittlauchröllchen bestreuen.

◁ Der asiatischen Küche nachempfunden ist der geschmorte Weizen nach China Art mit exotischen Pilzen und viel Gemüse. Seine pikante Würze erhält er durch Sojasauce. Rezept Seite 21.

Variante: Linsensuppe mit Hirse
1 l Gemüsebrühe zum Kochen bringen. 100 g verlesene, gewaschene Hirse und 60 g kleine rote Linsen darin zugedeckt bei schwacher Hitze in 15 Minuten garen. Inzwischen 1 mittelgroße Möhre schälen, waschen, abtrocknen und in streichholzdicke Stifte schneiden. Die Möhrenstifte in die Suppe geben und alles weitere 5 Minuten köcheln lassen. Die Suppe mit dem Saft von ½ Zitrone abschmecken und mit etwa 4 Eßlöffeln Schnittlauchröllchen bestreut servieren.

Variante: Rote Suppe aus Bohnen und Rüben
150 g rote Bohnen mit 1 l ungesalzener Gemüsebrühe bedeckt über Nacht einweichen. ¼ l Rotwein dazugießen, die Bohnen zum Kochen bringen und zugedeckt bei schwacher Hitze in etwa 1½ Stunden garen. 1 Zwiebel schälen und feinhacken, 1 Bund Suppengrün putzen, waschen und feinschneiden, 1 rote Bete von etwa 250 g schälen, waschen und kleinwürfeln. Alles mit 1 Lorbeerblatt, 2 Gewürznelken und 4 weiße Pfefferkörner zu den Bohnen geben und weitere 30 Minuten köcheln lassen. Die Suppe mit Salz, Cayennepfeffer, 1 Prise Zucker und 1 kräftigem Schuß Rotweinessig abschmecken. ⅛ l saure Sahne unterrühren. ⅛ l saure Sahne mit 1 Eßlöffel frisch gehackter Petersilie verrühren und zur Suppe servieren.

Variante: Weiße Bohnensuppe
300 g weiße Bohnen über Nacht in 1¼ l ungesalzener Gemüsebrühe einweichen und am nächsten Tag in 1½ Stunden garen. Inzwischen je 1 Möhre und Petersilienwurzel, 1 Stück Sellerie (etwa 100 g) und 1 große Stange Lauch (Porree) putzen, waschen und fein zerkleinern, zu den Bohnen geben; alles weitere 30 Minuten köcheln lassen. Die Suppe pürieren. 1 Becher Crème fraîche (200 g) und 1 Bund fein zerkleinerten Schnittlauch einrühren, die Suppe noch einmal erhitzen und mit Kräutersalz und frisch gemahlenem weißem Pfeffer abschmecken.

Gemüsetopf mit Nudeln

Bild Seite 17

Zutaten für 4 Personen:
1 Aubergine von etwa 300 g · Salz · 300 g Zucchini · 500 g vollreife Tomaten (am besten Flaschentomaten) · 1 Zwiebel · 2 Knoblauchzehen · 4 Eßl. Olivenöl · ⅛ l Gemüsebrühe · 2 Zweige frischer Rosmarin · schwarzer Pfeffer, frisch gemahlen · 250 g Vollkornnudeln · ½ Bund Basilikum · 2–3 Eßl. Parmesankäse, frisch gerieben
Pro Portion etwa 1760 Joule/420 Kalorien
17 g Eiweiß · 15 g Fett · 54 g Kohlenhydrate

- Vorbereitungszeit: etwa 20 Minuten
- Garzeit: etwa 15 Minuten

So wird's gemacht: Die Aubergine waschen, abtrocknen, von ihrem Stiel- und Blütenansatz befreien, würfeln, mit Salz bestreuen und etwa 10 Minuten ziehen lassen. • Die Zucchini ebenfalls waschen und trockenreiben. Die Stiel- und Blütenansätze abschneiden und die Zucchini in dicke Stifte schneiden. Die Tomaten überbrühen, häuten und längs vierteln, dabei die Stielansätze entfernen. Die Zwiebel und die Knoblauchzehen schälen und feinhacken. • Die Auberginenwürfel mit Küchenpapier trockentupfen. • Das Öl in einer Pfanne erhitzen. Die Auberginen und die Zucchini darin rundherum anbraten. Die Tomaten darauflegen. Die Gemüsebrühe dazugießen. Die Rosmarinnadeln über das Gemüse streuen. Alles mit Pfeffer würzen, einmal aufkochen und zugedeckt bei schwacher Hitze in etwa 15 Minuten garen. • Inzwischen etwa 2 l Wasser mit Salz zum Kochen bringen. Die Nudeln darin in etwa 6 Minuten kernig weich kochen. • Das Basilikum waschen, die Blätter abzupfen, trockentupfen und grobhacken. • Die Nudeln abgießen und abtropfen lassen. Das Gemüse mit den Nudeln, dem Basilikum und dem Käse vermischt anrichten.

Gemüsetopf mit fritiertem Tofu

Zutaten für 4 Personen:
250 g Tofu · 2 Eßl. Sojasauce · 200 g grüne Bohnen · 200 g Möhren · 1 Kohlrabi von etwa 250 g · 1 Bund Frühlingszwiebeln · 250 g Blumenkohlröschen · 1 Eßl. Öl · ⅛ l heiße Gemüsebrühe (Instant) · Salz · schwarzer Pfeffer, frisch gemahlen · 1 Eßl. Kerbel oder Petersilie, frisch gehackt
Zum Fritieren: etwa ¼ l Öl
Pro Portion etwa 1590 Joule/380 Kalorien
9 g Eiweiß · 30 g Fett · 17 g Kohlenhydrate

- Vorbereitungszeit: etwa 2½ Stunden
- Garzeit: etwa 15 Minuten

So wird's gemacht: Den abgetropften Tofu in etwa ½ cm dicke Scheiben schneiden, mit der Sojasauce beträufeln und etwa 2 Stunden marinieren. • Die Bohnen waschen, die Stiel- und Blütenansätze abschneiden und dabei auch eventuell vorhandene Fäden abziehen. Die Möhren und den Kohlrabi schälen, waschen, abtrocknen und in Stifte schneiden. Das zarte Kohlrabigrün beiseite legen. Das welke Grün der Frühlingszwiebeln abschneiden, die Zwiebeln putzen, waschen und in etwa 5 cm lange Stücke schneiden. Den Blumenkohl waschen und abtropfen lassen. • Das Öl in einem Topf erhitzen. Das Gemüse darin unter ständigem Wenden anbraten. Die Gemüsebrühe dazugießen. Mit Salz und Pfeffer würzen, einmal aufkochen lassen und zugedeckt bei schwacher Hitze in etwa 15 Minuten bißfest garen. • Inzwischen das Öl zum Fritieren in einem Topf heiß werden lassen. Die Tofuscheiben abtupfen und portionsweise im Öl etwa 5 Minuten fritieren. • Das Gemüse in einer Schüssel anrichten, mit dem Kerbel oder der Petersilie bestreuen und mit dem Tofu belegen.

Scharfes Bohnengulasch

Zutaten für 4–5 Personen:
je 100 g rote, schwarze und weiße Bohnen · 100 g Kichererbsen · 1¼ l ungesalzene Gemüsebrühe · ¼ l trockener Rotwein · 1 kg vollreife Tomaten · 250 g Zwiebeln · 1 Knoblauchzehe · 2 Eßl. Öl · 2–3 getrocknete rote Pfefferschoten · 1 Eßl. getrockneter Thymian · 1 Lorbeerblatt · 500 g grüne und rote Paprikaschoten gemischt · 1 Bund Petersilie · Salz
Pro Portion etwa 2055 Joule/490 Kalorien
27 g Eiweiß · 3 g Fett · 77 g Kohlenhydrate

- Vorbereitungszeit einschließlich Ruhezeit: etwa 12 Stunden
- Garzeit: etwa 2 Stunden

So wird's gemacht: Die Bohnen und die Kichererbsen in der Gemüsebrühe 12 Stunden einweichen. • Am nächsten Tag den Rotwein dazugießen und die Bohnen zugedeckt bei schwacher Hitze 30 Minuten kochen lassen. • Die Tomaten überbrühen, häuten und würfeln, dabei die Stielansätze und die Kerne entfernen. Die Zwiebeln und die Knoblauchzehe schälen und feinhacken. • Das Öl in einem Topf erhitzen. Die Zwiebeln unter Rühren darin glasig braten. Den Knoblauch und die Tomaten hinzufügen und mitbraten, bis sich Flüssigkeit bildet. Die Bohnen mit der Kochflüssigkeit hinzugießen und den Bratfond unter Rühren ablösen. Die Pfefferschoten zwischen den Fingern zerreiben und einen Teil der brennendscharfen Kerne wegwerfen. Den Thymian und das Lorbeerblatt ebenfalls fein zerreiben und mit den Pfefferschoten in das Gulasch rühren. Das Bohnengulasch zugedeckt bei schwacher Hitze in etwa 1 Stunde garen. • Die Paprikaschoten putzen, waschen, in Streifen schneiden und unter die Bohnen mischen. Das Gulasch weitere 30 Minuten köcheln lassen, bis die Bohnen weich, aber nicht zerfallen sind und viel Flüssigkeit verdampft ist. Während der Garzeit immer wieder umrühren, damit nichts anbrennt. • Die Petersilie waschen, trockenschwenken und feinhacken. • Das Bohnengulasch mit Salz abschmecken und mit der Petersilie bestreut servieren.

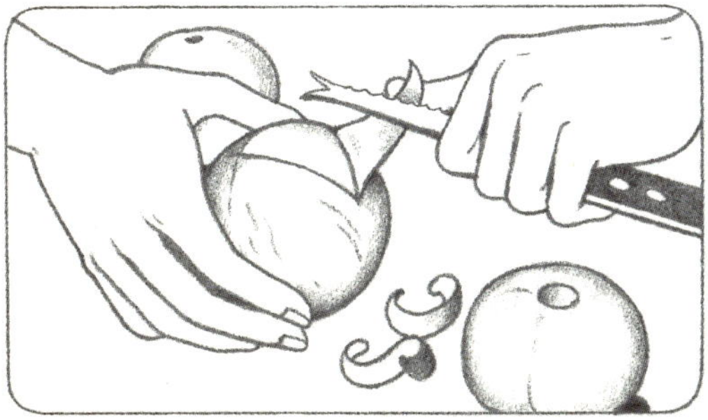

Tomaten zu enthäuten ist leicht; Die Haut am runden Ende kreuzweise einritzen, die Tomaten kurz in kochendes Wasser legen, dann abschrecken und die Haut abziehen.

Geschmorter Weizen auf chinesische Art

Bild Seite 18

Zutaten für 4–5 Personen:
4 Mu-Err-Pilze · 200 g Weizenkörner · 400 g Möhren · 1 Zwiebel · 2 Knoblauchzehen · 4 Eßl. Öl · 6 Eßl. Sojasauce · Salz · schwarzer Pfeffer, frisch gemahlen · 1 Teel. gekörnte Gemüsebrühe · 400 g Lauch (Porree) · 1 Eßl. Petersilie, frisch gehackt
Pro Portion etwa 1150 Joule/274 Kalorien
8 g Eiweiß · 9 g Fett · 38 g Kohlenhydrate

- Vorbereitungszeit einschließlich Ruhezeit: etwa 2¼ Stunden
- Garzeit: etwa 10 Minuten

So wird's gemacht: Die Pilze in etwa ¼ Wasser etwa 2 Stunden einweichen. • Die Weizenkörner in knapp ½ l Wasser zugedeckt 1 Stunde köcheln lassen. Den Topf vom Herd ziehen und den Weizen im offenen Topf 1 weitere Stunde ausquellen lassen. • Die Möhren schaben, waschen und in Stifte schneiden. Die Zwiebel und die Knoblauchzehen schälen und feinwürfeln. Die Pilze abgießen, das Einweichwasser auffangen und durch eine Kaffeefiltertüte gießen. • Das Öl in einem Topf erhitzen. Die Zwiebel und den Knoblauch darin bei schwacher Hitze unter Rühren glasig braten. Die Möhren, die Pilze und die Weizenkörner mit dem Kochwasser dazugeben. Alles unter Rühren kurz schmoren. Das Einweichwasser der Pilze und die Sojasauce hinzugießen und einmal aufkochen lassen. Die Gemüsemischung mit Salz, Pfeffer und der gekörnten Gemüsebrühe würzen, bei schwacher Hitze noch 5 Minuten schmoren. • Den Lauch putzen, gründlich waschen und in Ringe schneiden, dann unter den Weizen mischen und alles in weiteren 5 Minuten garen. • Den Weizen mit der Petersilie bestreut anrichten.

Das paßt dazu: ein gemischter Salat

Linsen mit Spätzle

Zutaten für 6 Personen:
250 g Weizenmehl Type 1050 · 4 Eier · 1 Prise Salz · 4 Zwiebeln · 1 Knoblauchzehe · 1 Eßl. Öl · 200 g braune Linsen · ¾ l ungesalzene Gemüsebrühe · 1 Lorbeerblatt · 1 Eßl. getrocknetes Bohnenkraut oder getrockneter Thymian · 50 g Butterschmalz · 2–3 Eßl. Weinessig · schwarzer Pfeffer, frisch gemahlen
Pro Portion etwa 1770 Joule/420 Kalorien
18 g Eiweiß · 15 g Fett · 52 g Kohlenhydrate

- Zubereitungszeit: etwa 1 Stunde

So wird's gemacht: Das Mehl mit den Eiern, Salz und etwa 3 Eßlöffeln Wasser zu einem zähflüssigen Spätzleteig verrühren, bei dem Konturen, die man mit dem Kochlöffel zieht, nur langsam wieder verfließen dürfen. Sollte der Teig zu fest sein, geben Sie noch einige Tropfen kaltes Wasser dazu. Den Teig zugedeckt etwa 30 Minuten ruhen lassen. • Die Zwiebeln und die Knoblauchzehe schälen. 1 Zwiebel und den Knoblauch feinhakken. Die restlichen Zwiebeln in dünne Ringe schneiden. • Das Öl in einem Topf erhitzen. Die gehackte Zwiebel bei mittlerer Hitze darin glasig braten. Die Linsen und den Knoblauch hinzufügen und unter Rühren mitbraten. Die Gemüsebrühe, das Lorbeerblatt und das Bohnenkraut oder den Thymian dazugeben; alles zugedeckt bei schwacher Hitze etwa 40 Minuten köcheln lassen. • Das Butterschmalz in einer Pfanne erhitzen, aber nicht braun werden lassen. Die Zwiebelringe darin zuerst zugedeckt bei schwacher Hitze 5 Minuten, dann ohne Deckel unter häufigem Umrühren 15 Minuten braten, bis sie weich und goldgelb sind. • Etwa 4 l Wasser zum Kochen bringen. Den Spätzleteig portionsweise vom Brett schaben oder durch den Spätzlehobel in das sprudelnd kochende Wasser drücken. Die Spätzle nur so lange garen, bis sie an die Oberfläche steigen, dann mit einem Schaumlöffel herausnehmen und in einer vorgewärmten Schüssel warm halten. • Die gegarten Linsen mit dem Essig, Salz und Pfeffer abschmecken. Die Linsen und die Spätzle mischen und mit den Zwiebelringen bedeckt anrichten.

Das paßt dazu: ein frischer grüner Salat

Feiner Bohnentopf mit Pilzen

Zutaten für 4 Personen:
200 g schwarze Bohnen · 20 g getrocknete Steinpilze · 500 g Kartoffeln · 2 Möhren · 1 Zwiebel · 1 Eßl. Butter · 1 Becher Crème fraîche (200 g) · 1 Handvoll Kerbel oder 1 kleines Bund Petersilie · Salz · weißer Pfeffer, frisch gemahlen
Pro Portion etwa 1870 Joule/445 Kalorien
17 g Eiweiß · 17 g Fett · 58 g Kohlenhydrate

- Einweichzeit: 12 Stunden
- Vorbereitungszeit: 20 Minuten
- Garzeit: etwa 2 Stunden

So wird's gemacht: Die Bohnen mit etwa ¾ l Wasser bedeckt über Nacht einweichen. • Die Pilze in ¼ l Wasser etwa 5 Stunden einweichen. • Die Bohnen mit dem Einweichwasser zum Kochen bringen und zugedeckt bei schwacher Hitze in 1½ Stunden garen. • Die Kartoffeln und die Möhren schälen und waschen. Die Kartoffeln würfeln, die Möhren in Stifte schneiden. Die Zwiebel schälen und feinhacken. • Die Pilze abgießen, das Einweichwasser auffangen und durch eine Kaffeefiltertüte gießen, um alle Schmutzreste aufzufangen. • Die Bohnen abgießen. • Die Butter in einem Topf erhitzen. Die Zwiebel darin glasig braten. Die Kartoffeln, die Möhren, die Pilze und die Bohnen hinzufügen und unter Rühren kurz mitschmoren. Das Einweichwasser der Pilze und die Crème fraîche hinzugeben. Alles einmal aufkochen lassen und zugedeckt bei schwacher Hitze in etwa 30 Minuten garen. • Den Kerbel oder die Petersilie waschen, trockenschwenken und feinhacken. • Den Eintopf mit Salz und Pfeffer abschmecken, die Kräuter untermischen.

Grünkern mit Tomaten und Salbei

Zutaten für 4 Personen:
200 g Grünkern · 0,4 l Wasser · 500 g vollreife Tomaten · 1 Zwiebel · 2 Knoblauchzehen · etwa 20 frische Blätter Salbei · je 1 Eßl. Öl und Butter · 1 Becher Crème fraîche (200 g) · Salz · schwarzer Pfeffer, frisch gemahlen
Pro Portion etwa 1555 Joule/370 Kalorien
9 g Eiweiß · 18 g Fett · 44 g Kohlenhydrate

- Zubereitungszeit: etwa 1 Stunde

So wird's gemacht: Den Grünkern mit dem Wasser zum Kochen bringen und zugedeckt bei schwacher Hitze in 45 Minuten garen. • Die Tomaten überbrühen, häuten und würfeln, dabei die Stielansätze und die Kerne entfernen. Die Zwiebel und die Knoblauchzehen schälen und feinhacken. Die Salbeiblätter waschen, trockentupfen und in Streifen schneiden. • Das Öl und die Butter in einem Topf erhitzen. Die Zwiebel, den Knoblauch und den Salbei darin bei schwacher Hitze unter Rühren anbraten. Den Grünkern gegebenenfalls abgießen, hinzufügen und kurz mitschmoren. Die Crème fraîche daruntermischen. Die Tomatenwürfel auf den Grünkern legen und mit Salz und Pfeffer würzen. • Das Gericht zugedeckt in 10 bis 15 Minuten bei schwacher Hitze garen, bis die Tomaten weich, aber nicht zerfallen sind. Den Eintopf erst jetzt umrühren und noch einmal abschmecken.

Das paßt dazu: Bohnensalat (Rezept Seite 49)

Gerichte für alle Gelegenheiten sind hier zusammengestellt: Gemüseaufläufe für kalte Wintertage, Lasagne und Moussaka für die problemlose Gästebewirtung und eine saftige Quiche als idealer Imbiß für den gemütlichen Abend bei Wein oder Bier.

»Falscher Hase« mit Grünkern und Tofu

Hackbraten oder »Falscher Hase« ist ein allseits beliebtes Gericht. Überzeugen Sie sich mit diesem Rezept davon, wie köstlich er ohne Fleisch schmeckt.

Zutaten für 4 Personen:
200 g Grünkern · knapp ½ l Wasser · 200 g Hirse · 1½ altbackene Roggenbrötchen · 1 große Zwiebel · je 1 kleines Bund Petersilie, Dill und Schnittlauch · 200 g Tofu · ½ kleine Zitrone · 3 Eier · 1 Eßl. Bergkäse, frisch gerieben · 1 Eßl. Kapern · 1 Eßl. Sojasauce · Salz · 1 kräftige Prise Cayennepfeffer · 1–2 Eßl. Weizen-Vollkornmehl · 2 Eßl. Butter · ¼ l Gemüsebrühe (Instant) · ¼ l Sahne · 1 Teel. Paprikapulver, edelsüß
Pro Portion etwa 3290 Joule/785 Kalorien
26 g Eiweiß · 37 g Fett · 87 g Kohlenhydrate

- Vorbereitungszeit einschließlich Quellzeit: etwa 2 Stunden
- Garzeit: etwa 50 Minuten

So wird's gemacht: Den Grünkern mit dem Wasser einmal aufkochen und zugedeckt bei schwacher Hitze 20 Minuten köcheln lassen. • Die Hirse hinzufügen und alles weitere 40 Minuten bei schwacher Hitze garen. Den Topf vom Herd ziehen und das Getreide 1 Stunde zugedeckt quellen lassen. • Den Backofen auf 200° vorheizen. • Die Brötchen in lauwarmem Wasser einweichen, gut ausdrücken. Die Zwiebel schälen und feinhacken. Die Kräuter waschen, trockenschwenken und ebenfalls sehr fein zerkleinern. Den Tofu mit einer Gabel zerdrücken. Die Zitrone auspressen. Alles mit dem Getreide, den Eiern, dem Käse, den Kapern, der Sojasauce, Salz und dem Cayennepfeffer mischen. So viel Mehl unterkneten, daß ein weicher formbarer Teig entsteht. • Eine feuerfeste Form mit Butter ausstreichen. Den Teig hineingeben, zu einem ovalen Laib formen und mit der restlichen Butter in Flöckchen belegen. Die Gemüsebrühe dazugießen. • Den »Falschen Hasen« im Backofen auf der unteren Schiene 40 Minuten backen, dabei mehrmals mit der Gemüsebrühe in der Form bestreichen. • Die Sahne mit dem Paprika verquirlen und den »Falschen Hasen« damit umgießen. Den Bratfond damit lösen. • Den »Falschen Hasen« weitere 10 Minuten braten.

Das paßt dazu: verschiedene Rohkost- und/oder Blattsalate

Gratinierte Wirsingbällchen

Bild Seite 28

Zutaten für 4 Personen:
1 Wirsingkohl von etwa 1 kg · Salz · 1 kleines Bund Petersilie · ⅛ l Sahne · weißer Pfeffer, frisch gemahlen · Cayennepfeffer · 1 Prise Muskatnuß, frisch gerieben · 300 g Mozzarella · 1 Eßl. Butter · 2 Eßl. fein zerkrümeltes Knäckebrot oder geriebenes, altbackenes Vollkornbrot
Für die Form: 1 Eßl. Butter
Pro Portion etwa 1995 Joule/475 Kalorien
17 g Eiweiß · 38 g Fett · 15 g Kohlenhydrate

- Vorbereitungszeit: etwa 30 Minuten
- Garzeit: etwa 25 Minuten

So wird's gemacht: Den Wirsingkohl von den äußeren welken Blättern befreien. Alle anderen Blätter vorsichtig ablösen. Sehr dicke Blattrippen entfernen, die anderen nur flach schneiden. • Eine flache feuerfeste Form mit der Butter ausstreichen. Den Backofen auf 200° vorheizen. • In einem großen Topf Wasser mit Salz zum Kochen bringen. Die Wirsingblätter portionsweise darin etwa 3 Minuten blanchieren, bis sie so weich sind, daß sie sich zusammenfalten lassen. Die Blätter jeweils mit einem Schaumlöffel herausnehmen, gut abtropfen lassen, zu kleinen Kugeln formen und nebeneinander in die Form setzen. • Die Petersilie waschen, die Blättchen abzupfen, trockentupfen und sehr fein hacken. Die Sahne mit der Petersilie, wenig Salz, Pfeffer, Cayennepfeffer und dem Muskat verquirlen und über die Wirsingblätter gießen. Den Mozzarella abtropfen lassen, in Scheiben schneiden und über dem Wirsing verteilen, mit der Butter in Flöckchen und den Brotbröseln bestreuen. • Die Wirsingbällchen etwa 25 Minuten überbacken, bis der Mozzarella leicht gebräunt ist.

Das paßt dazu: Pellkartoffeln oder Kartoffelpüree

Gemüsequiche

Zutaten für 6 Stücke:
300 g Weizenmehl Type 1050 · Salz · 7 Eier · 3 Eßl. Öl · 500 g Zucchini · 300 g Lauch (Porree) · 250 g Champignons · 1 Bund Petersilie · 300 g Bergkäse oder Emmentaler Käse, frisch gerieben · 2 Eßl. Sesamsamen · 1 Becher Crème fraîche (200 g) · 0,2 l Milch · ½ Eßl. Kümmel · ½ Eßl. getrockneter Oregano · weißer Pfeffer, frisch gemahlen
Für das Backblech: Butter
Pro Stück etwa 2930 Joule/700 Kalorien
34 g Eiweiß · 40 g Fett · 47 g Kohlenhydrate

- Vorbereitungszeit: etwa 45 Minuten
- Garzeit: etwa 35 Minuten

So wird's gemacht: Für den Teig das Mehl mit Salz, 5 Eiern und 1 Eßlöffel Öl mischen. Den Teig 30 Minuten zugedeckt ruhen lassen. • Die Zucchini waschen, abtrocknen, von ihren Stiel- und Blütenansätzen befreien und in dünne Stifte schneiden. Den Lauch putzen, gründlich waschen und mit etwa zwei Drittel des grünen Teils der Stangen in feine Ringe schneiden. Die Champignons putzen, gegebenenfalls waschen, und feinblättrig schneiden. Die Petersilie waschen, trockenschwenken und feinhacken. • Das restliche Öl in einer großen Pfanne erhitzen. Das Gemüse darin bei starker Hitze unter ständigem Rühren so lange schmoren, bis die Flüssigkeit, die es dabei abgibt, wieder verdampft ist. Die Petersilie untermischen und das Gemüse lauwarm abkühlen lassen. • Den Backofen auf 200° vorheizen. • Die restlichen Eier mit dem Käse, den Sesamsamen, der Crème fraîche und der Milch verrühren. Die Mischung mit Salz, dem Kümmel, dem Oregano und Pfeffer pikant würzen. • Ein gefettetes Backblech mit dem Teig auslegen, dabei rundherum einen etwa 1 cm hohen Rand formen. Das Gemüse auf dem Teig verteilen und die Eier-Käse-Mischung darübergeben. • Die Quiche im Backofen auf der unteren Schiene etwa 35 Minuten backen, bis die Oberfläche schön gebräunt und der Belag fest ist. • Die Gemüse-Quiche schmeckt heiß oder lauwarm.

Das paßt dazu: ein gemischter Salat

Variante: Zwiebelkuchen mit Salbei
Aus 300 g Weizenmehl Type 1050, 1 Päckchen Trockenhefe, Salz, 1 Prise Zucker, 1 Eßlöffel Öl, 1 Eigelb, 1 Eßlöffel Magerquark und ⅛ l lauwarmem Wasser einen Hefeteig bereiten. Den Teig an einem warmen Ort zugedeckt etwa 1 Stunde gehen lassen, bis sich sein Volumen verdoppelt hat. Inzwischen 1 kg Gemüsezwiebeln schälen

und in dünne Ringe schneiden. 2 Knoblauchzehen schälen und hacken. 2 Handvoll frische Salbeiblättchen waschen, trockentupfen und in Streifen schneiden. Die Zwiebeln portionsweise in 3 Eßlöffeln Öl glasig braten und lauwarm abkühlen lassen. Den Knoblauch, die Salbeiblättchen, 3 Eier, 250 g frisch geriebenen Bergkäse, 1 Becher saure Sahne (200 g) und ½ Becher Sahne (100 g) unter die Zwiebeln mischen. Alles mit Salz, frisch gemahlenem weißem Pfeffer, gemahlenem Kümmel und Muskat pikant abschmekken. Ein gefettetes Backblech mit dem Teig auslegen und dabei einen Rand formen. Die Zwiebelmasse darauf verteilen, und den Teig zugedeckt weitere 15 Minuten gehen lassen. Den Zwiebelkuchen im vorgeheizten Backofen bei 200° etwa 45 Minuten backen.

Kürbis mit Käsekruste

Zutaten für 4 Personen:
500 g vollreife Tomaten · 1 große Zwiebel · 3 Knoblauchzehen · 1 Bund Petersilie · 1 Zweig frischer oder 1 Teel. getrockneter Rosmarin · ½ Becher Crème fraîche (100 g) · Salz · 1 Prise Zucker · schwarzer Pfeffer, frisch gemahlen · 1 kg Kürbis · 4 Eßl. Olivenöl · 2 Eßl. altbackenes Vollkornbrot, frisch gerieben · 150 g Greyerzer oder Emmentaler Käse, frisch gerieben · 1 Eßl. Butter
Pro Portion etwa 1895 Joule/450 Kalorien
16 g Eiweiß · 30 g Fett · 27 g Kohlenhydrate

- Vorbereitungszeit: etwa 1 Stunde
- Garzeit: etwa 30 Minuten

So wird's gemacht: Die Tomaten mit kochendheißem Wasser übergießen, kurz darin ziehen lassen und häuten, dann vierteln und dabei von ihren Stielansätzen und den Kernen befreien. Die Tomaten pürieren oder ganz fein hacken. Die Zwiebel und die Knoblauchzehen schälen und so fein zerkleinern, daß sie ebenfalls fast musig sind. Die Petersilie und den Rosmarin waschen, die Blättchen und Nadeln abzupfen und feinhacken (getrockneten Rosmarin nur zwischen den Fingern zerreiben). Alle vorbereiteten Zutaten mit der Crème fraîche verrühren und mit Salz, dem Zucker und Pfeffer würzen. • Den Backofen auf 220° vorheizen. • Den Kürbis schälen, waschen, trockentupfen und in etwa 1 cm dicke und 5 cm lange Stücke schneiden. • Das Öl nach und nach in einer Pfanne erhitzen. Die Kürbisstücke darin portionsweise bei mittlerer Hitze unter Wenden so lange anbraten, bis sie glasig sind. • Die gebratenen Stücke jeweils herausnehmen und in eine feuerfeste Form legen. Das Tomatenpüree darüber verteilen und glattstreichen. Das Brot mit dem Käse mischen und darüberstreuen. Alles mit der Butter in Flöckchen belegen. • Den Kürbis etwa 30 Minuten backen, bis er weich und sich eine hellbraune Käsekruste gebildet hat.

Das paßt dazu: Salat und Kartoffelpüree

Käsesoufflés gehören zu den kleinen, feinen Gerichten ▷ der anspruchsvollen Küche. Das Kräuter-Käsesoufflé, das Sie hier sehen, ist eine besonders würzige Version. Rezept Seite 43.

Moussaka mit Gemüse

Zutaten für 6 Personen:
750 g frischer oder 2 Pakete tiefgefrorener Spinat von je 300 g · 500 g vollreife Tomaten · 1 Bund Frühlingszwiebeln · 3 Knoblauchzehen · 100 g gemischte Kräuter wie Petersilie, Schnittlauch, Thymian, Rosmarin, Brennesseln, Löwenzahn oder 2 Päckchen tiefgefrorene, gemischte Kräuter · 2 Eßl. Olivenöl · Salz · Cayennepfeffer · 40 g Weizenmehl Type 1050 · ⅛ l Gemüsebrühe (Instant) · ⅜ l Milch · ⅛ l Sahne · 1 kg mehligkochende Kartoffeln · 175 g mittelalter Goudakäse, frisch gerieben · Muskatnuß, frisch gerieben
Für die Form und zum Belegen: Butter
Pro Portion etwa 2020 Joule/480 Kalorien
20 g Eiweiß · 24 g Fett · 46 g Kohlenhydrate

- Vorbereitungszeit: etwa 1¼ Stunden
- Garzeit: etwa 1 Stunde

So wird's gemacht: Den frischen Spinat verlesen, von harten Stielen befreien, mehrmals gründlich waschen und sehr gut trockenschwenken (tiefgefrorenen Spinat auftauen lassen, die Flüssigkeit abgießen und den Spinat gut ausdrücken, damit er möglichst trocken ist). Die Tomaten mit kochendheißem Wasser übergießen, häuten und würfeln, dabei die Stielansätze und die Kerne entfernen. Die Frühlingszwiebeln putzen, waschen und mit etwa zwei Dritteln ihres Grüns in feine Ringe schneiden. Die Knoblauchzehen schälen und feinhacken. Die Kräuter waschen, trockentupfen und ebenfalls fein zerkleinern; von dem Thymian und dem Rosmarin vorher die harten Stiele entfernen. • Das Öl in einer Pfanne erhitzen. Zuerst die Tomaten und die Frühlingszwiebeln darin bei starker Hitze unter Rühren so lange schmoren, bis die Flüssigkeit verdampft ist. Den Spinat, den Knoblauch und die Kräuter dazugeben und weiterschmoren, bis der Spinat zusammenfällt. Alles mit Salz und Cayennepfeffer abschmecken. Die Pfanne vom Herd ziehen. • Das Mehl in einem Topf ohne Fett bei starker bis mittlerer Hitze unter Rühren so lange anrösten, bis es zart duftet. Zuerst die Gemüsebrühe, dann die Milch langsam hinzugießen und dabei kräftig mit dem Schneebesen rühren, damit das Mehl nicht zu sehr klumpt. Alles aufkochen und dabei weiter mit dem Schneebesen schlagen, bis sich eine glatte, sämige Sauce bildet. Die Sauce zugedeckt bei schwacher Hitze 5 Minuten köcheln lassen, dann vom Herd nehmen und die Sahne untermischen. • Die Kartoffeln schälen, waschen, abtrocknen und auf dem Gurkenhobel in hauchdünne Scheiben hobeln; mit Küchenpapier trockentupfen. • Den Backofen auf 200° vorheizen. • Den Käse in die Sauce rühren und die Sauce mit Salz, Cayennepfeffer und Muskat abschmecken. • Eine feuerfeste Form mit etwas Butter ausstreichen. Schichtweise die Kartoffelscheiben, das geschmorte Gemüse und die Sauce einfüllen. Die Kartoffeln mit Salz würzen. Zum Schluß die restliche Sauce auf der Moussaka verteilen und alles mit Butterflöckchen belegen. • Die Moussaka im Backofen auf der unteren Schiene etwa 1 Stunde backen.

◁ Überbackene Wirsingbällchen sind ein raffiniertes Gericht der vegetarischen Küche, das sich ganz leicht zubereiten läßt. Wie die Bilder zeigen (von links nach rechts) werden Wirsingblätter blanchiert, bis sie sich formen lassen, zu Bällchen gefaltet, mit Kräutersahne übergossen und mit Mozzarellascheiben überbacken. Rezept Seite 24.

Salbeikartoffeln mit Sesam

Zutaten für 4 Personen:
1 kg kleine, neue Kartoffeln · grobes Meersalz · weißer Pfeffer, frisch gemahlen · 1–2 Handvoll frische Blättchen Salbei · 100 g Emmentaler Käse, frisch gerieben · 3 Eßl. Sesamsamen · 1 Eßl. Olivenöl · 1 Eßl. Butter
Pro Portion etwa 1640 Joule/390 Kalorien
14 g Eiweiß · 18 g Fett · 42 g Kohlenhydrate

- Vorbereitungszeit: etwa 10 Minuten
- Garzeit: etwa 40 Minuten

So wird's gemacht: Den Backofen auf 200° vorheizen. • Die Kartoffeln unter kaltem Wasser gründlich säubern. Die Kartoffeln auf ein Backblech legen und mit Salz und Pfeffer bestreuen. • Die Salbeiblättchen waschen, trockentupfen, feinhacken, mit dem Käse und den Sesamsamen mischen und über den Kartoffeln verteilen. Das Olivenöl darüberträufeln und die Kartoffeln mit der Butter in Flöckchen belegen. • Das Blech in den heißen Backofen auf die zweite Schiene von unten schieben, und die Kartoffeln etwa 40 Minuten backen, bis sie weich sind.

Das paßt dazu: ein gemischter Salat

Mein Tip Sie können den Käse auch weglassen und die gebackenen Kartoffeln mit einer Tofu- oder Quarksauce (Rezepte Seite 13) servieren.

Lasagne mit Spinat und Erbsen

Zutaten für 4–5 Personen:
50 g Weizen-Vollkornmehl · ½ l Milch · 100 g Bergkäse, frisch gerieben · 30 g Parmesan, frisch gerieben · Salz · weißer Pfeffer, frisch gemahlen · Muskatnuß, frisch gerieben · Cayennepfeffer · 300 g Mozzarella · 250 g Spinat · 2 Eßl. Butter · 1 Paket tiefgefrorene Erbsen (300 g) · ½ Becher Crème fraîche (100 g) · 50 g Pinienkerne · 10 grüne Lasagneblätter (etwa 125 g, ohne Vorkochen verwendbar) · ⅛ l Sahne
Für die Form: Butter
Pro Portion etwa 3320 Joule/790 Kalorien
30 g Eiweiß · 55 g Fett · 42 g Kohlenhydrate

- Vorbereitungszeit: etwa 45 Minuten
- Garzeit: 45 Minuten

So wird's gemacht: Für die Sauce das Mehl in einem Topf unter Rühren anrösten, bis es zart duftet. Die Milch nach und nach dazugießen. Dabei kräftig mit dem Schneebesen rühren, damit das Mehl nicht zu sehr klumpt. Die Sauce einmal aufkochen lassen und weiter mit dem Schneebesen schlagen, bis sie sämig ist. Die Sauce unter Rühren bei schwacher Hitze 5 Minuten köcheln lassen. • Die Hälfte des Bergkäses und den Parmesan in die Sauce rühren. Die Sauce mit Salz, Pfeffer, Muskat und Cayennepfeffer pikant abschmecken und lauwarm abkühlen lassen. • Den Backofen auf 225° vorheizen. • Den Mozzarella abtropfen lassen. Die Hälfte davon feinwürfeln, den Rest in Scheiben schneiden. Den Spinat verlesen, von eventuell harten Stielen befreien, mehrmals gründlich waschen, trockenschwenken und grob zerkleinern. • 1 Eßlöffel Butter in einem Topf erhitzen. Die Erbsen und den Spinat dazugeben und unter Rühren etwa 2 Minuten anschwitzen. • Die Crème fraîche mit den Käsewürfeln und den Pinienkernen mischen und alles mit Salz würzen. • Eine gefettete Gratinform mit etwas Sauce ausgießen. Abwechselnd die Lasagneblätter, das gedünstete Gemüse und die Crème-fraîche-Käsemischung einschichten, jede Schicht mit etwas Sauce begießen. Obenauf die restlichen Lasagneblätter legen. Die Sahne darübergießen und alles mit dem restlichen Bergkäse bestreuen. Die Lasagne mit den Mozzarellascheiben und der restlichen Butter in Flöckchen belegen. • Die Lasagne etwa 45 Minuten backen.

Das paßt dazu: Tomatensalat mit Frühlingszwiebeln und frischen Kräutern

Maisauflauf mit Tomaten

Zutaten für 4 Personen:
1 Zwiebel · 2 Eßl. Butter · ½ Eßl. Weizen-Vollkornmehl · ⅛ l Gemüsebrühe (Instant) · 2 Dosen Mais (etwa 550 g) · 1 Bund Petersilie · 1 Bund Schnittlauch · 4 Eier · 100 g Greyerzer oder Emmentaler Käse, frisch gerieben · Salz · schwarzer Pfeffer, frisch gemahlen · 1 kräftige Prise Cayennepfeffer · Muskatnuß, frisch gerieben · 2–3 vollreife Tomaten
Für die Form: Butter
Pro Portion etwa 1805 Joule/430 Kalorien
20 g Eiweiß · 23 g Fett · 34 g Kohlenhydrate

- Vorbereitungszeit: etwa 30 Minuten
- Garzeit: etwa 50 Minuten

So wird's gemacht: Die Zwiebel schälen und feinhacken. • Die Hälfte der Butter in einem Topf zerlassen, aber nicht bräunen. Die Zwiebel darin glasig braten. Das Mehl hinzufügen und unter Rühren anschwitzen. Die Gemüsebrühe unter Rühren dazugießen. Die Sauce zugedeckt bei schwacher Hitze 5 Minuten köcheln lassen. • Den Backofen auf 200° vorheizen. • Den Mais in einem Sieb mit kaltem Wasser abspülen, abtropfen lassen und unter die Sauce mischen. Die Masse lauwarm abkühlen lassen. • Die Petersilie und den Schnittlauch waschen und trockentupfen. Die Petersilie hacken, den Schnittlauch in feine Röllchen schneiden. Die Eier mit einer Gabel verquirlen. Die Kräuter, die Eier und etwa die Hälfte des Käses unter den Mais mischen. Die Masse mit Salz, Pfeffer, dem Cayennepfeffer und Muskat abschmecken und in eine gefettete, feuerfeste Form füllen. • Die Tomaten waschen, abtrocknen und in Scheiben schneiden, dabei die Stielansätze entfernen. Den Auflauf mit den Tomatenscheiben belegen und mit dem restlichen Käse bestreuen. Die restliche Butter in Flöckchen darauf verteilen. • Den Auflauf 40–50 Minuten backen.

Das paßt dazu: Bohnensalat (Rezept Seite 49)

Variante: Kartoffelauflauf mit Grünkohl
1 Paket tiefgefrorenen Grünkohl (450 g) auftauen lassen. 500 g mehligkochende Kartoffeln waschen, mit der Schale in 20 bis 30 Minuten weich kochen, schälen und durch die Kartoffelpresse drücken. 1 Zwiebel und 1 Knoblauchzehe schälen, feinhacken und in 1 Eßlöffel Butter glasig braten. Den Grünkohl dazugeben und unter ständigem Rühren kurz mitbraten, bis er weich ist. Die Kartoffeln unter den Kohl mischen. Die Masse lauwarm abkühlen lassen, dann mit 4 Eiern, 75 g frisch geriebenem, mittelaltem Goudakäse, 1 Becher Sahne (200 g), 2 Eßlöffeln Sonnenblumenkernen, Salz, weißem Pfeffer und Muskat abschmecken. Die Masse in eine gefettete, feuerfeste Form füllen und mit 150 g Mozzarella in dünnen Scheiben belegen. Den Auflauf bei 180° etwa 40 Minuten backen.

Gefüllte Zucchini mit Tomatensauce

Bild Umschlag-Vorderseite

Zutaten für 4 Personen:
100 g Grünkern · 2 Zucchini von je etwa 220 g · 2 Zwiebeln · 2 Knoblauchzehen · 500 g vollreife Tomaten · 1 grüne Paprikaschote · 50 g Butter · Salz · weißer Pfeffer, frisch gemahlen · 100 g Emmentaler Käse, frisch gerieben · ⅛ l Gemüsebrühe (Instant) · 1 Prise Zucker · 2 Eßl. gemischte Kräuter, frisch gehackt
Pro Portion etwa 1560 Joule/370 Kalorien
14 g Eiweiß · 19 g Fett · 34 g Kohlenhydrate

● Zubereitungszeit: etwa 1 Stunde

So wird's gemacht: Den Grünkern mit 0,2 l Wasser zugedeckt bei schwacher Hitze 45 Minuten kochen lassen. • Inzwischen die Zucchini waschen, von den Stiel- und Blütenansätzen befreien und der Länge nach halbieren. Das Fruchtfleisch mit einem Kaffeelöffel so weit herauskratzen, daß die Zucchini etwa 1 cm dicke Schälchen bilden. Das Fruchtfleisch fein zerkleinern. • Die Zwiebeln und die Knoblauchzehen schälen und hacken. Die Tomaten überbrühen, häuten und würfeln, dabei die Stielansätze entfernen. Die Paprikaschote halbieren, vom Stielansatz und den Kernen befreien, waschen, abtrocknen und kleinwürfeln. • Die Hälfte der Butter in einer Pfanne erhitzen, aber nicht bräunen. Die Hälfte der Zwiebel und den Knoblauch darin glasig braten. Das Zucchinifleisch, etwa ein Drittel der Tomaten, die Paprikaschote und den abgetropften Grünkern dazugeben. Alles mit Salz und Pfeffer würzen und zugedeckt bei schwacher Hitze 5 Minuten schmoren. • Den Backofen auf 220° vorheizen. • Die Zucchinihälften mit der Gemüse-Grünkern-Mischung füllen, mit dem Käse bestreuen und nebeneinander in eine feuerfeste Form setzen. Die Zucchini auf der unteren Schiene etwa 15 Minuten überbacken, bis der Käse schön gebräunt ist. • Für die Tomatensauce die restliche Butter in einem Topf erhitzen und die restlichen Zwiebelwürfel darin glasig braten. Die Tomaten dazugeben und unter Rühren kurz mitschmoren. Die Gemüsebrühe hinzugießen, alles mit Salz, Pfeffer und dem Zucker würzen und zugedeckt bei schwacher Hitze 10 Minuten köcheln lassen. Die Kräuter daruntermischen. • Die Tomatensauce zu den Zucchini servieren.

Wie vielfältig sich Gemüse und Kartoffeln, Hülsenfrüchte, Getreide und Nudeln zubereiten lassen, sehen Sie an den Rezepten dieses Kapitels. Manches, wie zum Beispiel die Gemüsefondue, geht ganz rasch, für andere Gerichte sollten Sie sich etwas Zeit nehmen. Dafür sparen Sie bei vielen Gerichten eine eigene Beilage, wie es in der traditionellen Küche üblich ist.

Bohnen-Curry mit Sojamilch

Zutaten für 4 Personen:
250 g schwarze Bohnen · 500 g grüne Bohnen · 1 Zwiebel · 1 Knoblauchzehe · 1 rote Pfefferschote · 1 Bund Bohnenkraut · 2 Teel. Kurkumapulver (Gelbwurz) · 1 Teel. Ingwerpulver · 1½ Teel. Kreuzkümmel (Kumin oder Djintan) · 1 Teel. gemahlener Koriander · 3 Eßl. Sonnenblumenöl · 5 Gewürznelken · 4 Kardamomkörner · etwa 0,35 l Sojamilch · Salz
Pro Portion etwa 1495 Joule/355 Kalorien
20 g Eiweiß · 10 g Fett · 47 g Kohlenhydrate

- Quellzeit: etwa 12 Stunden
- Zubereitungszeit: etwa 2 Stunden

So wird's gemacht: Die schwarzen Bohnen kalt abspülen, mit kaltem Wasser bedecken und über Nacht einweichen. • Die eingeweichten Bohnen mit dem Wasser zum Kochen bringen und zugedeckt 1½ Stunden köcheln lassen. • Die grünen Bohnen putzen, waschen und abtropfen lassen. Die Zwiebel und die Knoblauchzehe schälen und feinhacken. Die Pfefferschote vom Stiel befreien, halbieren und die weißen Häutchen sowie alle Kerne entfernen. Die Schotenhälften kalt waschen und in feine Streifen schneiden. Das Bohnenkraut waschen, trockenschwenken und sehr fein hacken. • Das Kurkuma- und das Ingwerpulver, den Kreuzkümmel und den Koriander in einem Schälchen mischen. • Das Öl in einem Topf erhitzen. Die Zwiebel, den Knoblauch, die Pfefferschote, die Gewürznelken und die Kardamomkörner darin bei mittlerer Hitze unter ständigem Rühren so lange braten, bis die Zwiebel und der Knoblauch glasig sind. • Die schwarzen Bohnen abgießen, abtropfen lassen, mit den grünen Bohnen in den Topf geben und bei starker Hitze unter Wenden anbraten. Die Hälfte des Bohnenkrauts und die Gewürzmischung darüberstreuen und alles gut unterrühren. Die Sojamilch dazugießen. Die Bohnen salzen und zugedeckt bei schwacher Hitze in etwa 20 Minuten garen. Dabei häufig umrühren, denn die Sojamilch brennt leicht an. • Die Gewürznelken und die Kardamomkörner entfernen. Das Bohnen-Curry mit dem restlichen Bohnenkraut bestreut anrichten.

Das paßt dazu: Reis oder Pellkartoffeln

Mein Tip Sojamilch, auch Sojadrink genannt, wird wie Tofu aus gelben Sojabohnen hergestellt. Sie ist im Reformhaus oder Naturkostladen erhältlich.

Buchweizen-Kartoffelnudeln mit Pesto

Zutaten für 4 Personen:
500 g mehligkochende Kartoffeln · 2 Bund Basilikum · 5 Knoblauchzehen · 50 g Pinienkerne oder abgezogene Mandeln · 100 g Parmesan, frisch gerieben · ⅛ l kaltgepreßtes Olivenöl · 1 kleines Ei · 150 g Buchweizenmehl · 40 g Speisestärke · Salz · Muskatnuß, frisch gerieben · weißer Pfeffer, frisch gemahlen

Pro Portion etwa 3160 Joule/750 Kalorien
20 g Eiweiß · 48 g Fett · 60 g Kohlenhydrate

- Zubereitungszeit: etwa 1¼ Stunden

So wird's gemacht: Die Kartoffeln unter kaltem Wasser abbürsten und in 30 bis 40 Minuten weich kochen. • Das Basilikum waschen, trockentupfen und ganz fein zerkleinern. Die Knoblauchzehen schälen und so fein hacken, daß sie fast musig sind. Die Pinienkerne oder die Mandeln in der Mandelmühle feinreiben, mit dem Knoblauch, dem Basilikum und dem Käse in einer Schüssel mischen. Tropfenweise das Olivenöl unterrühren, bis eine glatte Paste entstanden ist. • Die gekochten Kartoffeln ausdämpfen lassen, schälen und zweimal durch die Presse drükken, bis die Masse streichfähig ist. Das Ei, das Buchweizenmehl, die Speisestärke, Salz, Muskat und Pfeffer dazugeben und alles zu einem geschmeidigen Teig verkneten. • Die Arbeitsfläche mit Mehl bestäuben. Aus dem Teig daumendicke Rollen formen. Von den Rollen etwa 1 cm breite Stücke abschneiden und diese zu Nudeln drehen. • Die Nudeln in reichlich kochendes Salzwasser geben und bei mittlerer Hitze so lange köcheln lassen, bis sie an die Oberfläche steigen. • Das Pesto mit 1 Eßlöffel kochendheißem Nudelwasser verrühren. • Die gegarten Nudeln mit einem Schaumlöffel aus dem Kochwasser nehmen, kurz abtropfen lassen und sofort mit dem Pesto mischen.

Das paßt dazu: mit Tomaten, Gurken und Fenchel gemischte Blattsalate

Polentaschnitten mit Bohnengemüse

Zutaten für 4 Personen:
250 g Maisgrieß (Polenta) · knapp 1¼ l Wasser · Salz · 2 Bund Petersilie · 750 g frische grüne Bohnen oder 2 Pakete tiefgefrorene Bohnen von je 300 g · 1 Bund Bohnenkraut · 1 Zwiebel · 1 Knoblauchzehe · 1 Eßl. Butter · 2 Eßl. Olivenöl · 1 vollreife Tomate · ½ Becher Crème fraîche (100 g) · schwarzer Pfeffer, frisch gemahlen
Pro Portion etwa 1835 Joule/435 Kalorien
11 g Eiweiß · 15 g Fett · 65 g Kohlenhydrate

- Zubereitungszeit: etwa 1½ Stunden

So wird's gemacht: Den Maisgrieß mit dem Wasser und Salz einmal aufkochen und bei sehr schwacher Hitze im offenen Topf etwa 45 Minuten ausquellen lassen, bis sich der Brei vom Topfrand löst. • Die Petersilie waschen, die Blättchen abzupfen und feinhacken; nach 30 Minuten Quellzeit unter den Maisgrieß mischen. • Die Polenta auf ein Backblech streichen und etwa 20 Minuten trocknen lassen, bis sie schnittfest ist. Dann in etwa 2 × 5 cm große Stücke schneiden. • Die Bohnen waschen, trockenschwenken und von Stiel- und Blütenansätzen befreien. Das Bohnenkraut kalt abspülen und trockenschwenken. Etwa ein Drittel des Bohnenkrauts beiseite legen. Die Zwiebel und die Knoblauchzehe schälen und feinhacken. • Die Butter in einem Topf erhitzen, aber nicht bräunen. Die Zwiebel und den Knoblauch darin anbraten. Die Bohnen und 1 bis 2 Eßlöffel Wasser dazugeben. Das Bohnenkraut auf die Bohnen legen und das Gemüse mit Salz würzen. Die Bohnen zugedeckt in etwa 10 Minuten garen. • Das Öl in einer großen Pfanne erhitzen. Die Polentaschnitten darin rundherum goldbraun braten, herausnehmen und warm halten. • Die Tomate kurz überbrühen, häuten und würfeln, dabei den Stielansatz und die Kerne entfernen. Die Tomatenwürfel und die Crème fraîche unter die Bohnen mischen und alles zugedeckt weitere 5 Minuten köcheln lassen. • Das restliche Bohnenkraut sehr fein hacken. • Das unzerkleinerte Bohnenkraut aus dem Gemüse nehmen. Die Bohnen mit Pfeffer abschmecken, mit dem frischen Bohnenkraut bestreuen und zu den Polentaschnitten servieren.

Blumenkohl-Kartoffel-pudding

Zutaten für 6 Personen:
3 Eßl. Mungobohnen · 1 kleiner Blumenkohl von etwa 800 g · 300 g Kartoffeln · Salz · 1 Zwiebel · je ½ Bund Petersilie und Bohnenkraut · 3 Eier · 1 gehäufter Eßl. Weizen-Vollkornmehl · ⅛ l Sahne · 100 g Parmesan, frisch gerieben · 2 Eßl. Sonnenblumenkerne · weißer Pfeffer, frisch gemahlen · Muskatnuß, frisch gerieben · 2 Eßl. Knäckebrot, fein zerkrümelt
Für die Form: 1 Eßl. Butter
Pro Portion etwa 1340 Joule/320 Kalorien
17 g Eiweiß · 18 g Fett · 21 g Kohlenhydrate

- Keimzeit der Sprossen: 3 Tage
- Vorbereitungszeit: etwa 1 Stunde
- Garzeit: etwa 1¼ Stunden

So wird's gemacht: Die Mungobohnen entweder in Keimschalen oder in Schraubverschluß-Gläser geben, mit Wasser bedecken und 3 Tage keimen lassen. Dabei das Wasser jeden Tag erneuern. Die Sprossen dann unter fließendem kaltem Wasser abspülen und sehr gut abtropfen lassen. • Den Blumenkohl putzen, waschen und in Röschen teilen. Die Kartoffeln schälen, waschen und würfeln. Beides getrennt in wenig Salzwasser in 15 Minuten garen, abtropfen lassen und mit einer Gabel zerdrücken. • Die Zwiebel schälen und hacken. Die Petersilie und das Bohnenkraut waschen, die Blättchen abzupfen, trockentupfen und sehr fein zerkleinern. • In einem großen Topf so viel Wasser zum Kochen bringen, daß die verschließbare Form, in der der Pudding gegart wird, zu etwa zwei Drittel darin steht. • Die Eier in Eigelbe und Eiweiße trennen. Das zerdrückte Gemüse mit den Eigelben, den Sprossen, der Zwiebel, den Kräutern, dem Mehl, der Sahne, dem Käse und den Sonnenblumenkernen zu einem Teig mischen. Den Teig mit Salz, Pfeffer und Muskat würzen. Die Eiweiße sehr steif schlagen und vorsichtig unter den Teig ziehen. • Die Puddingform mit der Butter ausfetten und mit den Brotbröseln ausstreuen. Den Teig einfüllen und glattstreichen. Die geschlossene Form in das Wasserbad stellen. Den Topf schließen und

Pudding wird immer im Wasserbad gegart. Die verschlossene Form stellt man dafür in einen größeren knapp bis zur Hälfte mit Wasser gefüllten Topf.

den Pudding darin in etwa 70 Minuten garen. Das Wasserbad darf während der Garzeit immer nur sieden, nicht sprudelnd kochen. • Bevor der Pudding aus dem Wasserbad genommen wird, eine Garprobe machen: Wenn an einem Holzspießchen, das in den Pudding gestochen wird, nichts haften bleibt, ist der Pudding gar. Die Form wieder schließen, den Pudding aus dem Wasserbad nehmen und 5 Minuten ruhen lassen.

Den Pudding dann am oberen Rand mit einer Messerspitze ablösen und auf eine Platte stürzen. Wenn er sich nicht aus der Form löst, ein Küchentuch in kaltes Wasser tauchen und einige Sekunden um die Form wickeln.

Das paßt dazu: Tomatensauce (siehe Rezepte Seite 8 oder 32) oder in Butter gebräunte Semmelbrösel und Salat

Mein Tip Knäckebrot läßt sich leicht ganz fein zerkrümeln, indem man die zerbrochenen Brotscheiben zwischen Klarsichtfolie legt und mit dem Nudelholz plattwalzt. 1 Scheibe Knäckebrot ergibt etwa 2 Eßlöffel Brösel.

Tofuklößchen mit Lauch und Schwarzwurzeln

Bild nebenstehend

Zutaten für 4 Personen:
250 g Schwarzwurzeln · 1 Eßl. Essig · 250 g Lauch (Porree) · 1 Zwiebel · 1 Bund Petersilie · 300 g Tofu · 2 Eßl. Sojasauce · 1 Ei · 3 Eßl. Pistazien oder Mandeln, fein gerieben · 2 Eßl. Knäckebrot, fein zerkrümelt · 1–2 Eßl. Parmesan, frisch gerieben · weißer Pfeffer, frisch gemahlen · 1 Eßl. Butter · ⅛ l Gemüsebrühe · 1 Becher Crème fraîche (200 g) · 2 Eßl. Schnittlauchröllchen · Salz · 1 Teel. Zitronensaft
Pro Person etwa 1675 Joule/400 Kalorien
16 g Eiweiß · 25 g Fett · 27 g Kohlenhydrate

- Zubereitungszeit: etwa 50 Minuten

So wird's gemacht: Für die Schwarzwurzeln eine Schüssel mit kaltem Wasser füllen und den Essig dazugeben. Die Schwarzwurzeln unter fließendem kaltem Wasser schälen, die geschälten Stangen in etwa 3 cm lange Stücke schneiden und in das Essigwasser legen, damit sie sich nicht verfärben. • Den Lauch putzen, waschen und ebenfalls in 3 cm lange Stücke schneiden, einen Teil des Lauchgrüns mitverwenden. • Die Zwiebel schälen und hacken. Die Petersilie waschen, die Blättchen abzupfen und fein zerkleinern. Den Tofu mit einer Gabel zerdrücken und mit der Zwiebel, der Petersilie, der Sojasauce, dem Ei, den Pistazien oder den Mandeln, dem Knäckebrot und dem Käse mischen. Den Teig mit der Hand durchkneten und mit Pfeffer abschmekken. Aus dem Teig etwa walnußgroße Bällchen formen. • Die Butter in einem Topf erhitzen, aber nicht bräunen. Die Schwarzwurzeln darin von allen Seiten anbraten. Die Gemüsebrühe und die Crème fraîche dazugießen und das Gemüse zugedeckt 5 Minuten kochen lassen. • Die Tofu-Klößchen zu dem Gemüse geben und alles weitere 5 Minuten köcheln lassen. Zum Schluß den Lauch hinzufügen und alles in 5 Minuten garen. • Den Schnittlauch untermischen und das Gemüse mit Salz, Pfeffer und dem Zitronensaft abschmecken.

Das paßt dazu: Reis oder Vollkornnudeln

Variante: Tofu-Klößchen in Dillsauce
300 g zerdrückten Tofu mit je 1 gehackten Zwiebel und Knoblauchzehe, 2 Eßlöffeln Sojasauce, 1 Ei, ½ Päckchen tiefgefrorenen gemischten Kräutern, je 2 Eßlöffeln fein geriebenem Voll-

Die Tofuklößchen mit Lauch und Schwarzwurzeln sind leicht verdaulich und reich an pflanzlichem Eiweiß. Sie lassen sich mit allen Gemüsesorten zubereiten. Rezept auf dieser Seite. ▷

kornbrot und Sesamsamen, Salz und 1 kräftigen Prise Cayennepfeffer mischen. Aus dem Teig Klößchen formen. 2 Eßlöffel Weizen-Vollkornmehl in einen Topf geben und bei starker Hitze unter ständigem Rühren anrösten, bis es duftet. ¼ l Gemüsebrühe nach und nach dazugießen, dabei kräftig mit dem Schneebesen rühren, bis eine glatte, sämige Sauce entstanden ist. 1 Becher Crème fraîche (200 g) hinzufügen. Die Tofu-Klößchen darin 10 Minuten köcheln lassen, mit einem Schaumlöffel aus der Sauce nehmen und in einer vorgewärmten Schüssel warm halten.
1 Eßlöffel Butter in die Sauce schlagen und 1–2 Bund feingehackten Dill untermischen. Die Sauce mit 1 Eßlöffel Zitronensaft, Salz und frisch gemahlenem weißem Pfeffer abschmecken und über die Tofu-Klößchen gießen.

Zucchini-Pilzragout mit Tomatenreis

Bild nebenstehend

Zutaten für 4 Personen:
2 Schalotten · 1 Knoblauchzehe · ½ Eßl. Olivenöl · 200 g Naturreis · 0,3 l Wasser · Salz · ½ unbehandelte Zitrone · 250 g vollreife Tomaten · 500 g Zucchini · 500 g Champignons · 2 Bund Schnittlauch · 2 Eßl. Butter · weißer Pfeffer, frisch gemahlen · ⅛ l Gemüsebrühe (Instant) · 1 Becher Crème fraîche (200 g)
Pro Portion etwa 1315 Joule/315 Kalorien
12 g Eiweiß · 19 g Fett · 45 g Kohlenhydrate

● Zubereitungszeit: etwa 1¼ Stunden

So wird's gemacht: 1 Schalotte und die Knoblauchzehe schälen und feinhacken. • Das Olivenöl in einem Topf heiß werden lassen. Die Schalotte und den Knoblauch darin anbraten. Den Reis, das Wasser und Salz hinzufügen, alles einmal aufkochen lassen und zugedeckt bei sehr schwacher Hitze 30 Minuten garen. • Die Schale der Zitrone hauchdünn abschneiden und in ganz feine Streifchen (Julienne) teilen. Die Zitrone auspressen. Die Tomaten überbrühen, häuten und würfeln, dabei die Stielansätze und die Kerne entfernen. Die Zucchini waschen, abtrocknen, von ihren Stiel- und Blütenansätzen befreien und in dicke Stifte schneiden. Die Champignons putzen, gegebenenfalls waschen, und in etwa ½ cm dicke Scheibchen schneiden. Die Pilze mit dem Zitronensaft beträufeln. Die restliche Schalotte schälen und feinhacken. • Die Tomatenwürfel mit einer Gabel unter den Reis ziehen. Den Reis zugedeckt in weiteren 15 Minuten fertig garen. • Den Schnittlauch waschen, trockentupfen und in feine Röllchen schneiden. Die Hälfte der Butter in Flöckchen teilen und in den Kühlschrank stellen. Die andere Hälfte in einer großen Pfanne erhitzen. Die Zucchini und die Champignons darin portionsweise in einigen Minuten nicht zu weich braten. Jeweils wieder herausnehmen, mit Salz und Pfeffer würzen und in einer vorgewärmten Schüssel warm halten. • Die Schalotte in dem Bratfett kurz anschwitzen. Die Gemüsebrühe dazugießen und den Bratfond damit lösen. Nach und nach die Crème fraîche hinzufügen und jeweils unter Rühren cremig einkochen lassen. Die Zitronenschale und den Schnittlauch untermischen. Die Pfanne mit der Sauce vom Herd ziehen und die Butter aus dem Kühlschrank mit dem Schneebesen unterschlagen. Die Sauce mit Salz und Pfeffer abschmekken und über das Gemüse gießen. • Den Reis ebenfalls noch einmal mit Salz abschmecken, und das Gericht sofort servieren.

◁ Das Zucchini-Pilzragout mit Tomatenreis erhält sein feines Aroma durch Schnittlauch und hauchdünne Streifchen von Zitronenschale. Rezept auf dieser Seite.

Weizenfrikadellen

Frikadellen aus Getreide sind nicht nur weit gesünder als Hacksteaks. Sie schmecken auch so würzig, daß man selbst Leute, die der vegetarischen Küche noch etwas reserviert gegenüberstehen, damit locken kann.

Zutaten für 4 Personen:
1 Zwiebel · 1 Knoblauchzehe · 3 Eßl. Öl · 300 g Weizen, mittelfein geschrotet · 0,8 l kaltes Wasser · 2 Eier · 1 Eßl. Petersilie, frisch gehackt · 1 Teel. getrockneter Oregano · Salz
Pro Portion etwa 1530 Joule/365 Kalorien
13 g Eiweiß · 12 g Fett · 47 g Kohlenhydrate

- Zubereitungszeit einschließlich Quellzeit: etwa 1½ Stunden

So wird's gemacht: Die Zwiebel und die Knoblauchzehe schälen und feinhacken. • 1 Eßlöffel Öl in einem Topf erhitzen. Die Zwiebel und den Knoblauch darin bei schwacher Hitze unter Rühren glasig braten. Den Weizenschrot hinzugeben und mitrösten, bis er vollkommen vom Fett überzogen ist. Das Wasser dazugießen und den Weizenschrot zugedeckt bei schwacher Hitze 10 Minuten köcheln lassen. • Den Weizenschrot auf der abgeschalteten Kochplatte in weiteren 50 Minuten zugedeckt ausquellen und im offenen Topf lauwarm abkühlen lassen. • Die Eier mit einer Gabel verquirlen und mit der Petersilie und dem Oregano unter den Weizenschrot mischen. Den Teig mit Salz abschmecken. Aus dem Teig mit nassen Händen 8 gleich große Pflänzchen formen. • Das restliche Öl in einer Pfanne erhitzen. Die Frikadellen darin bei mittlerer Hitze von jeder Seite in etwa 5 Minuten goldbraun braten.

Das paßt dazu: Endiviensalat

Sellerieschnitzel mit Tomatensauce

Zutaten für 4 Personen:
2 Sellerieknollen von je etwa 500 g · Saft von 1 Zitrone · Salz · 700 g vollreife Tomaten · 250 g Champignons · 1 Zwiebel · 1 Knoblauchzehe · 1 Bund Basilikum oder Petersilie · ¼ Teel. getrockneter Thymian · 2 Eßl. Weizen-Vollkornmehl · 1 Prise Muskatnuß, frisch gerieben · 2 Eier · 50 g altbackenes Vollkornbrot, frisch gerieben · knapp ⅛ l Öl · schwarzer Pfeffer, frisch gemahlen · 1 Prise Zucker
Pro Portion etwa 2160 Joule/515 Kalorien
14 g Eiweiß · 33 g Fett · 39 g Kohlenhydrate

- Zubereitungszeit: etwa 1 Stunde

So wird's gemacht: Die Sellerieknollen schälen, waschen, in etwa 1 cm dicke Scheiben schneiden und mit dem Zitronensaft beträufeln. • Reichlich Wasser mit Salz in einem großen Topf zum Kochen bringen, und die Selleriescheiben darin in etwa 10 Minuten bißfest garen. Die Scheiben herausnehmen, abtropfen und erkalten lassen. • Die Tomaten überbrühen, häuten, halbieren, von den Stielansätzen befreien und pürieren oder mit einer Gabel ganz fein zerdrücken. Die Champignons putzen, gegebenenfalls waschen, und feinblättrig schneiden. Die Zwiebel und die Knoblauchzehe schälen und feinhacken. Das Basilikum oder die Petersilie waschen, die Blättchen abzupfen, trockentupfen und ebenfalls feinhakken. Den getrockneten Thymian zwischen den Fingern zerreiben. • Das Vollkornmehl auf einem Teller mit Salz und dem Muskat mischen. Die Eier auf einem zweiten Teller verquirlen und das geriebene Brot auf einem dritten Teller bereitstellen. • Etwa ein Viertel des Öls in einer Pfanne erhitzen. Die Selleriescheiben portionsweise zuerst im Mehl, dann in den Eiern und zuletzt in dem geriebenen Brot wenden und im heißen Öl von jeder Seite goldbraun braten. Die gebratenen Scheiben warm halten. • Wenn alle Scheiben gebraten sind, das restliche Öl erhitzen. Die Zwiebel und den Knoblauch darin unter Rühren glasig braten. Die Pilze dazugeben und ebenfalls unter Rühren anbraten. Das Tomatenpüree hinzufügen, alles mit Salz, schwarzem Pfeffer und dem Zucker abschmecken und zugedeckt nur erhitzen. Das Basilikum oder die Petersilie untermischen. Die Tomatensauce zu den Sellerieschreiben servieren.

Das paßt dazu: ein frischer grüner Salat

Teigtaschen mit Tofu und Spinat

Bild Seite 47

Zutaten für 4 Personen:
400 g Weizenmehl Type 1050 · Salz · 4 Eier · 1 Eßl. Öl · 1–3 Eigelbe · 500 g frischer Spinat oder 1 Paket tiefgefrorener Blattspinat von 300 g · 1 Zwiebel · 1 Knoblauchzehe · 100 g Butter · 500 g Tofu · weißer Pfeffer, frisch gemahlen · 1 kräftige Prise Cayennepfeffer · 1 Prise Muskatnuß, frisch gerieben · 2 Zweige frischer Rosmarin
Pro Portion etwa 3415 Joule/815 Kalorien
33 g Eiweiß · 39 g Fett · 79 g Kohlenhydrate

● Zubereitungszeit: etwa 1¾ Stunden

So wird's gemacht: Das Mehl mit Salz, den Eiern, dem Öl und zunächst nur 1 Eigelb verkneten. Der Teig soll fest, aber geschmeidig und keinesfalls bröckelig sein. Bei Bedarf noch die restlichen Eigelbe darunterkneten. Den Teig in Folie wickeln und 1 Stunde ruhen lassen. • Für die Füllung den Spinat verlesen, von harten Stielen befreien, waschen, trockenschwenken und grob zerkleinern. Tiefgefrorenen Spinat auftauen lassen und gut ausdrücken. Die Zwiebel und die Knoblauchzehe schälen und feinhacken. • 1 Eßlöffel Butter in einer Pfanne erhitzen, aber nicht bräunen. Die Zwiebel und den Knoblauch darin unter Rühren glasig braten. Den Spinat hinzufügen und unter Wenden so lange mitschmoren, bis er Feuchtigkeit abgibt. Die Pfanne vom Herd ziehen und die Masse etwas abkühlen lassen. Tiefgefrorener Spinat wird nicht mit angebraten, sondern nur unter die Zwiebel-Knoblauch-Mischung gerührt. • Den Spinat mit dem abgetropften Tofu durch den Fleischwolf drehen; mit Salz, Pfeffer, dem Cayennepfeffer und dem Muskat würzen. • Den Nudelteig in Portionen teilen und auf einer bemehlten Arbeitsfläche zu sehr dünnen Platten ausrollen. Die Teigplatten im Ab-

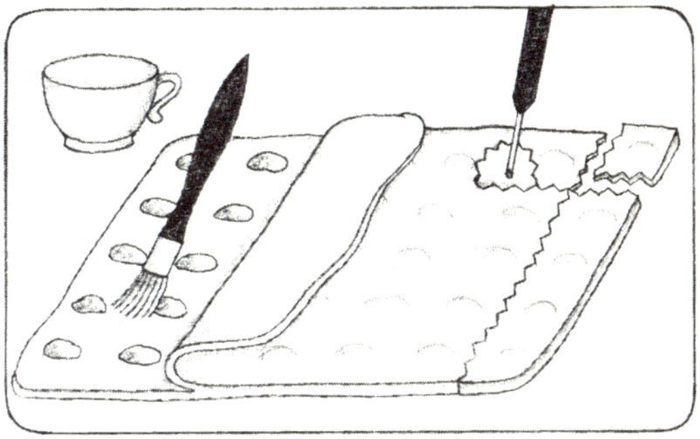

Eine mit Füllung belegte Teigplatte wird von einer zweiten bedeckt. Die Teigtaschen werden dann mit einem Teigrädchen »ausgeradelt«.

stand von etwa 10 cm mit je 1 Eßlöffel Füllung belegen. Den Teig zwischen den Häufchen mit Wasser bestreichen. Die zweite Teigplatte darüberlegen und die Teigschichten zwischen den Füllungen mit den Fingern rundherum gut andrücken. Die Teigtaschen dann mit einem Teigrädchen ausschneiden. • In einem großen Topf reichlich Wasser mit Salz zum sprudelnden Kochen bringen. Die Teigtaschen hineingeben und in 3 bis 6 Minuten bißfest kochen. Die exakte

Kochzeit läßt sich nicht angeben; sie richtet sich nach der Beschaffenheit des Teiges und der eventuellen Trockenzeit der Teigtaschen. Sehr feuchte Teige garen am schnellsten, bereits angetrocknete dagegen brauchen mehr Zeit. • Die Rosmarinzweige waschen, trockenschwenken und die Nadeln von den Stielen streifen. • Die restliche Butter erhitzen und dabei leicht bräunen. Die Rosmarinnadeln hinzufügen und unter Rühren etwas anschwitzen. • Die gegarten Teigtaschen mit einem Schaumlöffel aus dem Wasser nehmen, gut abtropfen lassen, mit der Rosmarin-Butter übergießen und auf vorgewärmten Tellern anrichten.

Das paßt dazu: Bohnensalat (Rezept Seite 49) oder ein gemischter Salat

Kartoffeln mit Knoblauchsauce

»Papas con mojo« heißt dieses Gericht auf den Kanarischen Inseln. Die kleinen, festkochenden und sehr schmackhaften spanischen Kartoffeln werden Sie hier nicht bekommen. Nehmen Sie statt dessen »Bamberger Hörndl« oder neue Kartoffeln. Die Knoblauchsauce, die »mojo«, schmeckt übrigens auch als Dip für Gemüse, zu Fisch und Steaks.

Zutaten für 4 Personen:
1½ kg kleine festkochende Kartoffeln · Salz · 2 Eigelbe · 1 Teel. scharfer Senf · ⅛ l Öl · 2–3 Eßl. Weißweinessig · 1 Teel. Kreuzkümmel (Kumin) · 1–2 getrocknete rote Pfefferschoten oder Cayennepfeffer · 5 Knoblauchzehen · 1 Eßl. Rosenpaprikapulver · 1 Eßl. Petersilie, frisch gehackt
Pro Portion etwa 2475 Joule/590 Kalorien
9 g Eiweiß · 34 g Fett · 62 g Kohlenhydrate

• Zubereitungszeit: etwa 35 Minuten

So wird's gemacht: Die Kartoffeln unter kaltem Wasser gründlich bürsten und in wenig Salzwasser weich kochen. Das dauert je nach Größe der Kartoffeln 20 bis 30 Minuten. • Die Eigelbe mit dem Senf verrühren. Das Öl zuerst tropfenweise, dann in einem dünnen Strahl dazugießen, dabei ständig mit dem Schneebesen kräftig schlagen, bis eine feste Mayonnaise entstanden ist. Den Essig und den Kreuzkümmel daruntermischen. Die Pfefferschoten zwischen den Fingern zerdrücken, bis sie aufbrechen. Die brennendscharfen Kerne restlos entfernen. Die Knoblauchzehen schälen, grob zerkleinern und mit den Pfefferschoten und etwas Salz im Mörser zerreiben; mit dem Paprikapulver und der Petersilie unter die gewürzte Mayonnaise mischen. • Die Kartoffeln abgießen, etwas ausdämpfen lassen und ungeschält in einer vorgewärmten Schüssel anrichten. Die Knoblauchsauce dazu servieren.

Das paßt dazu: Tomatensalat oder ein gemischter Blattsalat

Mein Tip Wenn Sie die Knoblauchsauce nach dem Originalrezept zubereiten wollen, brauchen Sie kaltgepreßtes Olivenöl, dessen typisches Aroma jedoch nicht jeder schätzt. Milder wird die Sauce mit anderen Pflanzenölen. In jedem Fall aber sollten Sie frischen Knoblauch verwenden, der im Frühjahr auf den Markt kommt. Ältere Knollen mit bereits grünen Trieben schmecken für diese feine Sauce viel zu penetrant.

Kräuter-Käsesoufflé

Bild Seite 27

Zutaten für 6 Personen:
100 g Butter · 60 g Weizenmehl Type 1050 · ⅜ l Milch · 100 g gemischte Kräuter wie Petersilie, Schnittlauch, Kresse, Kerbel, Dill, Brennesseln, Löwenzahn, frisch gehackt oder 4 Päckchen tiefgefrorene gemischte Kräuter · Salz · weißer Pfeffer, frisch gemahlen · Muskatnuß, frisch gerieben · 4 Eier · 200 g Greyerzer Käse, frisch gerieben · 1 Eiweiß
Für die Form: Butter
Pro Portion etwa 1730 Joule/410 Kalorien
18 g Eiweiß · 32 g Fett · 11 g Kohlenhydrate

- Vorbereitungszeit: etwa 40 Minuten
- Garzeit: etwa 35 Minuten

So wird's gemacht: Die Hälfte der Butter in einem Topf erhitzen und das Mehl darin unter Rühren anschwitzen, aber nicht bräunen. Die Milch langsam dazugießen und dabei kräftig mit dem Schneebesen rühren. Alles bei schwacher Hitze 10 Minuten kochen lassen, dabei häufig umrühren. • Den Backofen auf 175° vorheizen. • Die Sauce vom Herd nehmen und die Kräuter untermischen. Die Sauce mit Salz, Pfeffer und Muskat pikant würzen. Die restliche Butter in Flöckchen mit dem Schneebesen unter die Sauce schlagen. Die Kräutersauce lauwarm abkühlen lassen. • Die Eier in Eigelbe und Eiweiße trennen. Die Eigelbe nacheinander in die Sauce rühren. • Den Boden und die Hälfte des Randes einer Souffléform von etwa 1½ l Inhalt mit Butter ausstreichen und mit 1 Eßlöffel Käse ausstreuen. • Die Eiweiße steif schlagen, etwa ein Viertel davon mit dem Schneebesen unter die Sauce rühren, damit sie geschmeidig wird. Den restlichen Eischnee auf die Masse geben, den restlichen Käse darüberstreuen und alles mit dem Schneebesen vorsichtig mischen, nicht verrühren. Die Soufflémasse in die Form füllen und im Backofen auf der unteren Schiene etwa 35 Minuten backen. Währenddessen die Backofentür nicht öffnen, da das Soufflé sonst zusammenfällt. • Das Soufflé sofort servieren.

Das paßt dazu: ein gemischter Blattsalat mit Vinaigrette oder Tomatensalat mit Frühlingszwiebeln

Gemüsefondue mit Kräuterbutter und Dillsauce

Zutaten für 4 Personen:
1 Knoblauchzehe · Salz · 1 Eßl. Pistazien- oder Sonnenblumenkerne · 125 g weiche Butter · 1 Eßl. Zitronensaft · ½ Päckchen tiefgefrorene gemischte Kräuter · weißer Pfeffer, frisch gemahlen · 1 Becher Crème fraîche (200 g) · ⅛ l saure Sahne · 1 Päckchen tiefgefrorener Dill · 1–1½ kg frisches gemischtes Gemüse wie Blumenkohl, Broccoli, Möhren, Lauch (Porree), braune Egerlinge oder Champignons und Spinat · ¾ l Gemüsebrühe, frisch gekocht (Rezept Seite 14) · 5 Eßl. Sojasauce
Pro Portion etwa 2130 Joule/505 Kalorien
11 g Eiweiß · 42 g Fett · 21 g Kohlenhydrate

- Zubereitungszeit: etwa 50 Minuten

So wird's gemacht: Für die Kräuterbutter die Knoblauchzehe schälen und mit Salz fein zerdrücken. Die Pistazien oder die Sonnenblumenkerne hacken. Die Butter mit dem Knoblauch, den Körnern, dem Zitronensaft, den Kräutern und Pfeffer mischen, dann in ein Schälchen füllen und in den Kühlschrank stellen. • Für die Dillsauce die Crème fraîche mit der sauren Sahne und dem Dill verrühren. Die Sauce mit Salz und Pfeffer abschmecken. • Das Gemüse putzen, waschen und sehr gut trockentupfen. Den Blumenkohl und den Broccoli in Röschen teilen, die Möhren in Stifte schneiden, den Lauch mit etwa zwei Dritteln des zarten Grüns in 2 cm lange Stücke schneiden. Die Pilze ganz lassen. Das Gemüse auf Tellern anrichten. • Die Gemüsebrühe erhitzen. Die Sojasauce untermischen und die Brühe in den Fonduetopf umfüllen. Den Topf auf den Rechaud stellen. • Die Kräuterbutter und die Dillsauce zu dem Fondue servieren.

Das paßt dazu: Sesamfladen, die es in türkischen oder griechischen Lebensmittelläden zu kaufen gibt, Vollkornbrot oder auch Pellkartoffeln

Vollkornspaghetti mit Gemüse

Zutaten für 4 Personen:
200 g Zucchini · 1 kleine Aubergine von etwa 150 g · 250 g vollreife Tomaten · 1 Zwiebel · 1 Bund Petersilie · Salz · 1 Eßl. Olivenöl · ¼ l Sahne · 400 g Vollkorn- oder Weizenkeimspaghetti · 2 Eßl. Parmesan, frisch gerieben · schwarzer Pfeffer, frisch gemahlen · Cayennepfeffer
Pro Portion etwa 2690 Joule/640 Kalorien
22 g Eiweiß · 28 g Fett · 75 g Kohlenhydrate

- Zubereitungszeit: etwa 30 Minuten

So wird's gemacht: Die Zucchini und die Aubergine waschen, trockentupfen, von Stiel- und Blütenansätzen befreien und in kleine Würfel schneiden. Die Tomaten überbrühen, häuten und grobwürfeln, dabei ebenfalls die Stielansätze entfernen. Die Zwiebel schälen und hakken. Die Petersilie waschen, die Blättchen abzupfen, trockentupfen und fein zerkleinern. • Etwa 2 l Wasser mit Salz zum Kochen bringen. • Das Olivenöl in einem Topf erhitzen. Die Zwiebel darin glasig braten. Die Zucchini, die Auberginen und die Tomaten hinzufügen und ebenfalls anbraten. Die Sahne dazugießen und das Gemüse bei mittlerer Hitze in etwa 10 Minuten bißfest garen. • Die Spaghetti in das sprudelnd kochende Wasser geben und unter häufigem Umrühren in etwa 6 Minuten bißfest garen. • Die Petersilie und den Käse unter das Gemüse mischen und alles mit Salz, Pfeffer und Cayennepfeffer abschmecken. • Die Spaghetti abgießen, abtropfen lassen und mit dem Gemüse mischen.

Variante: Nudeln mit Schafkäse und Basilikum
200 g griechischen Schafkäse (Feta) in kleine Würfel schneiden. 10 schwarze Oliven vierteln und entsteinen. 2 Knoblauchzehen schälen und feinhacken. 1 Bund Basilikum waschen, die Blättchen abzupfen, trockentupfen und feinhakken. 1 Eßlöffel Olivenöl erhitzen. Den Knoblauch und die Oliven darin bei schwacher Hitze anschwitzen. Den Schafkäse und 1 Becher Crème fraîche (200 g) hinzufügen. Alles mit wenig Salz und reichlich frisch gemahlenem schwarzem Pfeffer würzen und unter Rühren erhitzen, aber nicht kochen lassen. Die Sauce mit 400 g bißfest gegarten breiten Vollkorn- oder Weizenkeimnudeln mischen. Das Basilikum darüberstreuen und die Nudeln sofort servieren.

Variante: Salbeinudeln
Bild 2. Umschlagseite
2 Handvoll frische Salbeiblättchen waschen, trockentupfen und in Streifen schneiden. 1 Zwiebel und 1 Knoblauchzehe schälen, feinhacken und mit dem Salbei in 50 g Butter glasig braten. Den Saft von ½ Zitrone, ⅛ l Sahne und 1 Eßlöffel frisch geriebenen Parmesankäse daruntermischen. Die Sauce mit Salz, weißem Pfeffer und 1 Prise Muskat abschmecken. Mit 500 g bißfest gegarten Weizenkeimnudeln mischen.

Fast alle Gerichte, die Sie hier finden, eignen sich als Zwischenmahlzeit, leichtes Abendessen oder auch als warme Vorspeise. Bei den Gemüsen sollten Sie sich immer nach dem saisonalen Angebot richten oder gegebenenfalls auf tiefgefrorenes Gemüse zurückgreifen; es enthält weit mehr Nährstoffe als Treibhausgemüse.

Broccoli auf polnische Art

Zutaten für 4 Personen:
1 kg frischer oder 3 Pakete tiefgefrorener Broccoli von je 300 g · Salz · 3 Eier · 2 Bund Petersilie · 100 g Butter · 75 g Knäckebrot, fein zerkrümelt
Pro Portion etwa 1715 Joule/410 Kalorien
17 g Eiweiß · 26 g Fett · 25 g Kohlenhydrate

- Zubereitungszeit: etwa 30 Minuten

So wird's gemacht: Die frischen Broccoli waschen, die großen Blätter und die holzigen Stielenden abschneiden. Die Haut von den Stielen nach oben abziehen. Die Röschen abschneiden, die Stiele in Stücke schneiden. • In einem Topf wenig Wasser mit Salz zum Kochen bringen. Zuerst die Broccolistiele darin zugedeckt 5 Minuten kochen lassen, dann die Röschen dazugeben und das Gemüse in weiteren 5 Minuten garen. • Die Eier in 8 Minuten hart kochen, abgießen, kalt abschrecken, schälen und feinwürfeln. Die Petersilie waschen, die Blättchen abzupfen, trockentupfen und feinhacken. • Die Butter erhitzen. Die Brotbrösel dazugeben und unter Rühren leicht anrösten. • Den Broccoli abgießen, abtropfen lassen und auf einer vorgewärmten Platte anrichten. Die Eier und die Petersilie darüber verteilen. Die Butterbrösel darübergeben und den Broccoli sofort servieren.

Das paßt dazu: Pellkartoffeln

Sahnelinsen mit Kräutern

1 Zwiebel · 1 Knoblauchzehe · 1 Eßl. Öl · 250 g kleine schwarze Linsen (Puy-Linsen) · ¼ l ungesalzene Gemüsebrühe · 1 Becher Crème fraîche (200 g) · Salz · weißer Pfeffer, frisch gemahlen · 1 Päckchen tiefgefrorene gemischte Kräuter
Pro Portion etwa 1455 Joule/345 Kalorien
17 g Eiweiß · 14 g Fett · 39 g Kohlenhydrate

- Vorbereitungszeit: etwa 10 Minuten
- Garzeit: etwa 30 Minuten

So wird's gemacht: Die Zwiebel und die Knoblauchzehe schälen und feinhacken. • Das Öl in einem Topf erhitzen. Die Zwiebel und den Knoblauch darin anbraten. Die Linsen hinzufügen. • Die Gemüsebrühe und die Crème fraîche dazugießen, und die Linsen zugedeckt bei schwacher Hitze in etwa 30 Minuten garen, dabei umrühren. • Die Linsen mit Salz und Pfeffer abschmecken und die Kräuter daruntermischen.

Paßt gut zu Vollkornnudeln

Überbackener Fenchel

Bild Seite 48

Zutaten für 4 Personen:
750 g Fenchel · ¼ l Gemüsebrühe · 3 Tomaten · ⅛ l Sahne · 75 g mittelalter Goudakäse, frisch gerieben · 1 Eßl. Petersilie, frisch gehackt · Salz · weißer Pfeffer, frisch gemahlen · 1 Eßl. Butter
Für die Form: Butter
Pro Portion etwa 1270 Joule/302 Kalorien
11 g Eiweiß · 19 g Fett · 21 g Kohlenhydrate

- Vorbereitungszeit: etwa 10 Minuten
- Garzeit: etwa 20 Minuten

So wird's gemacht: Die Fenchelknollen vom Wurzelansatz und den Stielen befreien. Das Fenchelgrün abschneiden, waschen, feinhacken und beiseite legen. Die Fenchelknollen der Länge nach halbieren, den keilförmigen Strunk herausschneiden. Den Fenchel waschen und abtropfen lassen. • Den Backofen auf 200° vorheizen. • Die Gemüsebrühe in einem Topf zum Kochen bringen. Den Fenchel darin in 5 Minuten garen, dann mit einem Schaumlöffel herausnehmen und in eine gefettete, feuerfeste Form legen. • Die Tomaten überbrühen, häuten und vierteln, dabei die Stielansätze entfernen. Die Tomatenviertel ebenfalls in die Form geben. • Die Sahne mit dem Käse, der Petersilie, wenig Salz und Pfeffer verrühren und über den Fenchel geben. Den Fenchel mit der Butter in Flöckchen belegen. • Das Gemüse im Backofen auf der unteren Schiene etwa 20 Minuten überbacken, bis der Käse leicht gebräunt ist. • Das Gemüse mit etwas Fenchelgrün bestreut servieren.

Mein Tip Die Gemüsebrühe, in der der Fenchel vorgegart wird, sollten Sie nicht wegschütten, sondern für eine Suppe verwenden; beispielsweise kann man geraspelte rohe Kartoffeln darin garen, mit Sahne auffüllen, würzen und mit gehacktem Dill bestreut servieren.

Spinatklöße

Zutaten für 4 Personen:
2 Scheiben Bauernbrot von je etwa 40 g · 50 g Butter · Salz · 100 g frischer Spinat · 200 g Weizenmehl Type 1050 · 100 g Buchweizenmehl · 4 Eier · 3-6 Eßl. Milch
Pro Portion etwa 2075 Joule/495 Kalorien
18 g Eiweiß · 19 g Fett · 61 g Kohlenhydrate

- Vorbereitungszeit: etwa 30 Minuten
- Garzeit: etwa 10 Minuten

So wird's gemacht: Die Brotscheiben entrinden und in Würfel schneiden. • Die Butter in einer Pfanne erhitzen, und die Brotwürfel darin unter häufigem Wenden goldbraun rösten. • In einem großen Topf etwa 3 l Wasser mit Salz zum Kochen bringen. • Den Spinat verlesen, waschen, sehr gut trockenschwenken und feinhacken. • Das Weizenmehl, das Buchweizenmehl und die Eier verrühren. So viel Milch dazugeben, daß ein zähflüssiger Teig entsteht; Konturen, die man mit dem Kochlöffel zieht, sollen nur langsam wieder verfließen. Die Brotwürfel, den Spinat und 1 Prise Salz unter den Teig mischen. Mit einem Eßlöffel Klöße abstechen und in das kochende Salzwasser geben. • Die Spinatklöße bei schwacher Hitze 10 Minuten leise sieden lassen. Mit einem Schaumlöffel herausnehmen und in einer vorgewärmten Schüssel anrichten.

Passen gut zu in Sahne geschmortem Gemüse oder Tofu-Klößchen mit Sauce

Teigtaschen mit Spinat und Tofu brauchen etwas Zeit, ▷ aber das Ergebnis lohnt die Mühe. Wie auf den Fotos abgebildet (von links nach rechts) wird der Spinat mit dem Tofu im Fleischwolf zerkleinert, auf einer Teigplatte verteilt und mit der zweiten abgedeckt. Mit einem Teigrädchen lassen sich die Taschen dann leicht ausschneiden. In Butter angeschwitzter Rosmarin gibt dem Gericht den letzten Pfiff. Rezept Seite 41.

Spinat in Knoblauchöl mit Walnüssen

Zutaten für 4 Personen:
1 kg frischer Spinat · 3 Knoblauchzehen · 100 g Walnußkerne · 5 Eßl. Olivenöl · Saft von 1 Zitrone · Salz · schwarzer Pfeffer, frisch gemahlen
Pro Portion etwa 1540 Joule/365 Kalorien
12 g Eiweiß · 29 g Fett · 14 g Kohlenhydrate

- Zubereitungszeit: etwa 45 Minuten

So wird's gemacht: Den Spinat verlesen, von harten Stielen befreien, waschen und in ein Sieb geben. • Die Knoblauchzehen schälen und in dünne Scheibchen schneiden. Die Walnußkerne grobhacken. • Das Olivenöl in einer Pfanne erhitzen. Den Zitronensaft dazugeben. Den Knoblauch und die Nüsse darin bei schwacher Hitze 5 Minuten ziehen lassen. • In einem großen Topf etwa fingerhoch Wasser zum Kochen bringen. Den Spinat hineingeben, den Topf schließen, einige Male kräftig rütteln und den Spinat darin etwa 2 Minuten garen, bis er zusammenfällt, dann mit einem Schaumlöffel herausnehmen, in eine vorgewärmte Schüssel geben und mit Salz und Pfeffer würzen. Das Knoblauchöl mit den Nüssen darüber verteilen.

Paßt gut zu panierten Tofu-Schnitzeln oder Pellkartoffeln mit Kräuterquark

◁ Überbackener Fenchel ist ein einfaches Gericht der vegetarischen Küche. Sie können ihn als Beilage servieren oder als kleines Gericht für zwischendurch. Rezept Seite 45.

Bohnensalat

Zutaten für 4 Personen:
100 g rote Bohnen · 1 Bund Suppengrün · 300 g grüne Bohnen · Salz · 1 Bund Bohnenkraut · 1 Fleischtomate · je 1 grüne und gelbe Paprikaschote · 1 Gemüsezwiebel · 1 Bund Petersilie · 2 Zweige frischer Thymian · 1 Eßl. scharfer Senf · schwarzer Pfeffer, frisch gemahlen · 4 Eßl. Himbeeressig oder milder Rotweinessig · 6 Eßl. Olivenöl
Pro Portion etwa 1305 Joule/310 Kalorien
10 g Eiweiß · 16 g Fett · 31 g Kohlenhydrate

- Einweichzeit: 12 Stunden
- Zubereitungszeit: etwa 2¼ Stunden

So wird's gemacht: Die roten Bohnen mit kaltem Wasser bedeckt über Nacht einweichen. • Das Suppengrün putzen, waschen und unzerkleinert zu den roten Bohnen geben. Die Bohnen im Einweichwasser zum Kochen bringen und zugedeckt bei schwacher Hitze in etwa 2 Stunden weich kochen. • Inzwischen die grünen Bohnen putzen, waschen und mit wenig Salzwasser sowie dem gewaschenen Bohnenkraut in etwa 20 Minuten garen. • Die Fleischtomate waschen, abtrocknen und würfeln, dabei den Stielansatz entfernen. Die Paprikaschoten putzen, waschen, trockentupfen und in Streifen schneiden. Die Gemüsezwiebel schälen und in Ringe schneiden. Die Petersilie und den Thymian waschen, die Blättchen abzupfen, trockentupfen und feinhakken. • Den Senf mit Salz, Pfeffer, dem Essig und dem Olivenöl verrühren. • Die roten und die grünen Bohnen abgießen und abtropfen lassen (das Suppengrün wegwerfen) und mit den Tomatenwürfeln, den Schotenstreifen, den Zwiebelringen und den Kräutern mischen. • Das Dressing über den Salat gießen und alles noch einmal vorsichtig durchmischen.

Wirklich gesund ist Süßes nie, dafür schmeckt es köstlich, und kleinere Sünden kann man sich gelegentlich erlauben. Die angegebenen Mengen von Zucker oder Honig sollten Sie jedoch nicht erhöhen. Und daß nicht jede Mahlzeit mit einem Dessert abgerundet werden muß, ist auch selbstverständlich.

Zwetschgenstrudel mit Tofu

Zutaten für 6 Personen:
250 g Weizenmehl Type 1050 · 1 Prise Salz · ⅛ l lauwarmes Wasser · 5 Eßl. Öl · 1 Eigelb · 1½ kg Zwetschgen · 500 g Tofu · 2 Becher Crème fraîche von je 200 g · 4 Eßl. Honig · 1 unbehandelte Zitrone · 2 Teel. Zimt · 100 g Butter · Mehl für die Arbeitsfläche · 5 Scheiben Knäckebrot, fein zerkrümelt · 200 g Haselnußkerne, frisch gemahlen · ¼ l Milch · 1 Ei
Pro Portion etwa 4435 Joule/1055 Kalorien
23 g Eiweiß · 64 g Fett · 96 g Kohlenhydrate

- Vorbereitungszeit: etwa 1 Stunde
- Backzeit: etwa 1 Stunde

So wird's gemacht: Das Mehl mit dem Salz, dem Wasser, dem Öl und dem Eigelb verkneten; der Teig muß weich und glatt sein, darf aber nicht kleben. Je nach Bedarf noch einige Tropfen lauwarmes Wasser oder etwas Mehl hinzufügen. Den Teig in Pergamentpapier wickeln und in einem angewärmten Topf etwa 30 Minuten ruhen lassen. • Die Zwetschgen waschen, abtrocknen, halbieren und entsteinen. Den abgetropften Tofu in Würfel schneiden und mit der Crème fraîche und dem Honig im Mixer pürieren oder den Tofu mit einer Gabel ganz fein zerdrücken und mit der Crème fraîche und dem Honig verrühren. • Die Schale der Zitrone abreiben, den Saft auspressen und mit dem Zimt unter die Tofucreme mischen. • Den Backofen auf 220° vorheizen. • Die Hälfte der Butter in eine feuerfeste Form geben, die so groß sein muß, daß zwei Strudel nebeneinander darin Platz haben, und im Backofen schmelzen lassen. • Den Strudelteig in zwei Stükke teilen. Das eine Stück zuerst auf einer bemehlten Arbeitsfläche ausrollen, dann auf ein mit wenig Mehl bestreutes Küchentuch legen und mit den Händen so dünn wie möglich ausziehen. •

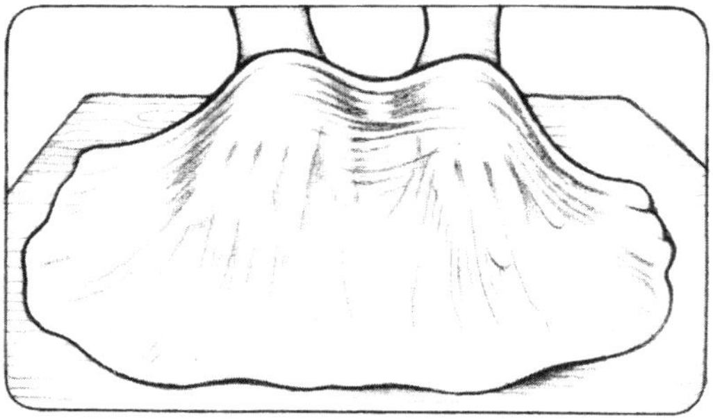

Strudelteig läßt sich hauchdünn am besten über den Handrücken ausziehen.

Den ausgezogenen Teig mit etwas zerlassener Butter bepinseln. Die Hälfte des Knäckebrotes und der Nüsse darüberstreuen, dann die Hälfte der Zwetschgen und der Tofucreme darüber verteilen. Dabei 1 bis 2 cm breiten Rand frei lassen, damit die Füllung beim Aufrollen des Strudels nicht herausquillt. • Die Teigplatte links und recht etwas einschlagen. Das Küchentuch am unteren Rand leicht anheben und den Strudel auf diese Weise von Ihrem Körper weg aufrollen, vorsichtig in die Form gleiten lassen. • Das zweite Teigstück ebenso ausziehen, füllen, aufrollen und in die Form geben. • Beide Strudel üppig mit zerlassener Butter bestreichen. Die Milch mit dem Ei verquirlen und am Rand der Strudel in die Form gießen. • Die Strudel im Backofen auf der unteren Schiene etwa 1 Stunde backen, dabei immer wieder mit flüssiger Butter bestreichen.

Aprikosenreis

Zutaten für 4 Personen:
150 g Milchreis · ½ l Milch · 1 Prise Salz · 1 Eßl. Honig · 1 Stück Zimtstange, etwa 2 cm lang · ½ Vanilleschote · 200 g getrocknete Aprikosen · 3 Orangen · 1 Eßl. Orangenlikör · knapp ¼ l Sahne · 1 Teel. Vanillezucker
Pro Portion etwa 1995 Joule/475 Kalorien
11 g Eiweiß · 24 g Fett · 69 g Kohlenhydrate

- Zubereitungszeit: etwa 45 Minuten

So wird's gemacht: Den Milchreis mit der Milch, dem Salz, dem Honig, der Zimtstange und der aufgeschlitzten Vanilleschote einmal aufkochen und zugedeckt bei sehr schwacher Hitze in etwa 30 Minuten ausquellen lassen, bis die Körner weich sind, aber noch Biß haben. • Die Aprikosen heiß waschen, trockentupfen und würfeln. Die Orangen auspressen. Den Saft und den Orangenlikör über die Aprikosen gießen. • Den gegarten Milchreis mit den marinierten Aprikosen mischen und abkühlen lassen. • Die Sahne mit dem Vanillezucker steif schlagen und unter den Aprikosenreis ziehen.

Hirseauflauf mit Kirschen

Zutaten für 4 Personen:
200 g Hirse · ½ l Milch · Salz · 750 g Sauerkirschen · 50 g weiche Butter · 2 Eßl. Honig · ½ unbehandelte Zitrone · 4 Eier · 1 Teel. Puderzucker
Für die Form: Butter und 2 Eßl. feingeriebenes Vollkornbrot
Pro Portion etwa 2500 Joule/595 Kalorien
19 g Eiweiß · 23 g Fett · 77 g Kohlenhydrate

- Vorbereitungszeit: etwa 45 Minuten
- Backzeit: etwa 40 Minuten

So wird's gemacht: Die Hirse in ein Sieb geben, kalt abspülen, abtropfen lassen und gegebenenfalls verlesen, dann mit der Milch und 1 Prise Salz einmal aufkochen und zugedeckt bei schwacher Hitze 20 Minuten köcheln lassen. • Inzwischen die Sauerkirschen waschen, abtropfen lassen, die Stiele abzupfen und die Kirschen entsteinen. • Die gegarte Hirse lauwarm abkühlen lassen. • Den Backofen auf 200° vorheizen. • Die Butter mit dem Honig sehr schaumig rühren. Die Schale der Zitrone abreiben, die Zitrone dann auspressen. Die Eier in Eigelbe und Eiweiße trennen. Die Eigelbe nach und nach unter die Buttermischung rühren. Eßlöffelweise die abgekühlte Hirse, dann die Zitronenschale, den Saft und die Sauerkirschen hinzufügen. Die Eiweiße mit 1 Prise Salz und dem Puderzucker sehr steif schlagen und vorsichtig unter die Hirse-Kirschen-Masse ziehen. • Eine Auflaufform mit etwas Butter ausstreichen und mit den Brotbröseln ausstreuen. Den Auflauf einfüllen, glattstreichen und im Backofen auf der unteren Schiene etwa 30 Minuten backen. • Danach den Auflauf auf die obere Schiene stellen, weitere 10 Minuten backen und dabei bräunen lassen.

Quarkpalatschinken mit Rosinen und Nüssen

Bild 3. Umschlagseite

Zutaten für 4 Personen:
100 g Weizenmehl Type 1050 · 1 Prise Salz · ¼ l Milch · 3 Eier · 50 g Butterschmalz · 250 g Magerquark · ¼ l Sahne · 1 Eigelb · 1 Eßl. Ahornsirup · 1 Messerspitze Zimtpulver · 1 Eßl. Rum oder Cognac · 2 Eßl. Zitronensaft · 75 g ungeschwefelte Rosinen · 100 g Walnußkerne, frisch gemahlen
Für die Form: Butter
Pro Portion etwa 3430 Joule/815 Kalorien
25 g Eiweiß · 59 g Fett · 44 g Kohlenhydrate

- Vorbereitungszeit: etwa 45 Minuten
- Backzeit: etwa 20 Minuten

So wird's gemacht: Das Mehl mit dem Salz und der Milch glattrühren. 2 Eier untermischen. Den Teig zugedeckt 15 Minuten stehenlassen, damit das Mehl quellen kann. Wenn er dann zu dickflüssig ist, noch etwas Wasser untermischen. • Etwas Butterschmalz in einer Pfanne erhitzen. Jeweils 1 Schöpfkelle Teig in die Pfanne geben und Eierkuchen backen. • Den Backofen auf 200° vorheizen. • Den Quark mit der Hälfte der Sahne, dem Eigelb, dem Ahornsirup, dem Zimtpulver, dem Rum oder dem Cognac, dem Zitronensaft, den Rosinen und den Nüssen verrühren. • Die Eierkuchen mit der Quarkmasse bestreichen, aufrollen und nebeneinander in eine gefettete, feuerfeste Form legen. Die restliche Sahne mit dem übrigen Ei verquirlen und darübergießen. • Die Palatschinken im Backofen auf der unteren Schiene etwa 20 Minuten backen, bis sie schön gebräunt sind.

Grießschmarrn mit Apfel-Preiselbeer-kompott

Zutaten für 4 Personen:
200 g Weizen-Vollkorngrieß · knapp ½ l Milch · 500 g säuerliche Äpfel (Boskop oder Gravensteiner) · ⅛ l trockener Weißwein · 1 Eßl. Honig · 1 Stück Zimtstange, etwa 2 cm lang · 2 Eßl. Preiselbeerkonfitüre · 3 Eier · 1 Prise Salz · eventuell etwas abgeriebene Zitronenschale · 50 g Butterschmalz
Pro Portion etwa 2320 Joule/550 Kalorien
15 g Eiweiß · 22 g Fett · 66 g Kohlenhydrate

- Zubereitungszeit: etwa 1 Stunde

So wird's gemacht: Den Grieß mit der Milch verrühren und 30 Minuten stehen lassen, damit der Grieß quellen kann. • Die Äpfel vierteln, schälen, vom Kerngehäuse befreien und in einen Topf geben. Den Weißwein, den Honig und die Zimtstange hinzufügen. Die Äpfel zugedeckt bei schwacher Hitze in etwa 20 Minuten weich kochen. • Die Preiselbeerkonfitüre untermischen. • Den Grieß mit den Eiern, dem Salz und der Zitronenschale verrühren. • Die Hälfte des Butterschmalzes in einer großen Pfanne erhitzen. Die Grießmasse in die Pfanne geben und bei mittlerer Hitze einige Minuten backen. Dabei die Masse mit einem Holzspatel immer wieder vom Pfannenrand zur Mitte durchrühren, bis die Masse bröckelig ist. Das restliche Butterschmalz in die Pfanne geben und den Schmarrn unter häufigem Wenden in weiteren 15 Minuten goldbraun backen. • Den Schmarrn mit dem Kompott servieren.

Bratäpfel

Zutaten für 4 Personen:
4 große, säuerliche Äpfel (Boskop oder Gravensteiner) · 1 Eßl. Honig · 1 unbehandelte Orange · 2 Eßl. ungeschwefelte Rosinen · 2 Eßl. Haselnußkerne, grobgehackt · 1 Eßl. Orangenlikör oder Cognac
Für die Form: Butter
Pro Portion etwa 1020 Joule/245 Kalorien
2 g Eiweiß · 7 g Fett · 43 g Kohlenhydrate

- Vorbereitungszeit: etwa 15 Minuten
- Bratzeit: etwa 30 Minuten

So wird's gemacht: Den Backofen auf 180° vorheizen. • Die Äpfel waschen und abtrocknen. Das Kerngehäuse mit einem Apfelausstecher herausstechen und die Äpfel nebeneinander aufrecht in eine gefettete, feuerfeste Form setzen. • Den Honig bei schwacher Hitze flüssig werden lassen. Die Schale der Orange etwa zur Hälfte abreiben, den Saft auspressen und mit dem Honig, den Rosinen, den Haselnüssen und dem Orangenlikör oder dem Cognac mischen und alles in die Äpfel füllen. • Die Äpfel im Backofen auf der unteren Schiene etwa 30 Minuten braten, bis sie weich sind.

Das paßt dazu: geschlagene Sahne oder Vanillesauce

Joghurt mit Beeren und Flocken

Zutaten für 4 Personen:
300 g gemischte frische oder tiefgefrorene Beeren · 4 Becher Joghurt zu je 175 g · 2 Eßl. Ahornsirup · 2 Eßl. ungesalzene Pistazienkerne, grob gehackt · 1 Eßl. Butter · 4 Eßl. Haferflocken
Pro Portion etwa 1160 Joule/275 Kalorien
10 g Eiweiß · 14 g Fett · 28 g Kohlenhydrate

- Zubereitungszeit: etwa 15 Minuten

So wird's gemacht: Die frischen Beeren verlesen, waschen und gegebenenfalls von ihren Stielen befreien. Tiefgefrorene Beeren auftauen lassen. • Den Joghurt mit einem Schneebesen kräftig durchschlagen. Die Beeren, den Ahornsirup und die Pistazien untermischen. • Die Butter in einer Pfanne erhitzen. Die Haferflocken darin unter Rühren goldbraun rösten. • Den Joghurt in Dessertschälchen verteilen und mit den Haferflokken bestreut sofort servieren.

Variante: Quarkcreme mit Nüssen
250 g Magerquark mit 1 Eigelb, dem Saft von ½ Orange, 1 Eßlöffel Honig und 1 Teelöffel Vanillezucker verrühren. Je 100 g gehackte Walnuß- und Haselnußkerne, 1 Eßlöffel Rosinen und 1 Eßlöffel ungesüßten Sanddornsirup untermischen. Die Quarkcreme mit Honig nachsüßen und mit geraspelter Schokolade bestreuen.

Variante: Erdbeersahne
400 g Erdbeeren waschen, trockentupfen, entkelchen und mit einer Gabel zerdrücken. 1 Becher Sanoghurt mit dem Schneebesen cremig schlagen. ¼ l Sahne mit 1 Teelöffel Vanillezucker steif schlagen. 1 bis 2 Eßlöffel Pinienkerne in etwas heißem Öl goldgelb rösten. Die Erdbeeren mit dem Joghurt, der Sahne und den Pinienkernen mischen, mit Ahornsirup oder Honig süßen.

Flambierter Eisbecher

Zutaten für 4 Personen:
250 g Himbeeren · 250 g Erdbeeren · 4 Baisertörtchen (fertig gekauft) · ⅛ l Sahne · ½ Packung Vanille-Eiscreme · 3 Schnapsgläser Orangenlikör oder Himbeergeist (6 cl)
Pro Portion etwa 1190 Joule/275 Kalorien
7 g Eiweiß · 12 g Fett · 35 g Kohlenhydrate

- Zubereitungszeit: etwa 15 Minuten

So wird's gemacht: Die Beeren verlesen, waschen, trockentupfen und entkelchen. Einige schöne Früchte zum Garnieren beiseite legen, die restlichen mit einer Gabel zerdrücken und in vier hohe Dessertgläser verteilen. Die Baisertörtchen in einen Gefrierbeutel geben und mit dem Nudelholz grob zerkleinern. Die Hälfte des Baisers auf die Beeren streuen. • Die Sahne steif schlagen und auf die Baiserbrösel geben. Das Eis in Stücke schneiden und auf die Sahnehaube legen. Die restlichen Baiserbrösel darüber verteilen und alles mit den ganzen Früchten garnieren. • Die Eisbecher bei Tisch mit dem Orangenlikör oder dem Himbeergeist flambieren.

Rezept- und Sachregister

Kursiv gesetzte Zahlen verweisen auf Farbbilder.

Äpfel, Brat- 52
Apfel-Preiselbeerkompott, Grießschmarren mit 52
Aprikosenreis 51
Auberginenmus rumänische Art 10

Blattsalat mit Croûtons 10
Blumenkohl-Kartoffelpudding 35
Blumenkohlsuppe mit Käsecroûtons 16
Bohnen-Curry mit Sojamilch 33
Bohnengemüse, Polentaschnitten mit 34
Bohnengulasch, scharfes 21
Bohnensalat 49
Bohnensuppe, Weiße 19
Bohnentopf, feiner mit Pilzen 23
Bratäpfel 52
Broccoli auf polnische Art 45
Brotsalat, Italienischer 13
Buchweizen-Kartoffelnudeln mit Pesto 33

Eierstich, Gemüsebrühe mit Broccoli und 15
Eisbecher, flambierter 53
Erdbeersahne 53

»**F**alscher Hase« mit Grünkern und Tofu 24
Feiner Bohnentopf mit Pilzen 23
Fenchel, überbackener 45, *48*
Flambierter Eisbecher 53
Fondue, Gemüse- mit Kräuterbutter und Dillsauce 43
Frikadellen, Weizen- 40

Gefüllte Zucchini mit Tomatensauce 32, *Umschlag-Vorderseite*
Gemischter Rohkostsalat 10
Gemüsebrühe 14
- mit Broccoli und Eierstich 15
- mit grünen Spätzle 14
- mit Kräuterbiskuits 14
Gemüsebrühe mit Wirsing und Pilzen 15
Gemüsefondue mit Kräuterbutter und Dillsauce 43
Gemüsequiche 25
Gemüserohkost mit Tofu- und Quarksauce 13
Gemüsesuppe mit Kresse und Tofu 15
Gemüseterrine mit scharfer Tomatensauce 8
Gemüsetopf mit fritiertem Tofu 20
- mit Nudeln *17,* 20
Gemüse und Kartoffeln 5
Gemüse, Vollkornspaghetti mit 44, *2. Umschlagseite*
Geschmorter Weizen auf chinesische Art *18,* 21
Getreide 6
Gratinierte Wirsingbällchen 24, *28*
Grießschmarrn mit Apfel-Preiselbeerkompott 52
Grünkern, »Falscher Hase« mit und Tofu 24
- mit Tomaten und Salbei 23
Grünkohlsuppe mit Sesamsamen 16

Hirseauflauf mit Kirschen 51
Hirse, Linsensuppe mit 19
Hülsenfrüchte 7

Italienischer Brotsalat 13

Joghurt mit Beeren und Flocken 53

Kartoffelauflauf mit Grünkohl 31
Kartoffeln, Gemüse und 5
- mit Knoblauchsauce 42
-, Salbei- mit Sesam 30
Kartoffelpudding, Blumenkohl- 35
Käse, Kräuter- mit Sonnenblumenkernen 11
Kirschen, Hirseauflauf mit 51
Knoblauchöl, Kürbis in 11
-, Spinat in mit Walnüssen 49
Knoblauchpresse 11
Knoblauchsauce, Kartoffeln mit 42
Kräuterbiskuits, Gemüsebrühe mit 14
Kräuterbrötchen, Ratatouille mit 12
Kräuterbutter, Gemüsefondue mit und Dillsauce 43
Kräuterkäse mit Sonnenblumenkernen 11
Kräuter-Käsesoufflé *27,* 43
Kürbis in Knoblauchöl 11
- mit Käsekruste 26

Lasagne mit Spinat und Erbsen 30
Linsen, marinierte 9
Linsen mit Spätzle 22
Linsen, Sahne- mit Kräutern 45
-, Sahnesuppe mit schwarzen 19
Linsensuppe mit Hirse 19
Linsen, Weizen-Salat 9

Maisauflauf mit Tomaten 31
Marinierte Linsen 9
Milch und Milchprodukte 7
Möhren-Kartoffelsuppe mit Sahne 15
Moussaka mit Gemüse 29

Nudeln, Gemüsetopf mit *17,* 20
-, mit Schafkäse und Basilikum 44
-, Salbei- 44, *2. Umschlagseite*

Palatschinken, Quark- mit Rosinen und Nüssen 51, *3. Umschlagseite*
Pesto, Buchweizen-Kartoffelnudeln mit 33
Polentaschnitten mit Bohnengemüse 34
Pudding im Wasserbad garen 35

GU Küchen-Ratgeber

Alles, was gut schmeckt! Tolle Rezepte von gestern und heute. Die beliebten Küchen-Ratgeber – zum Sammeln wie geschaffen. Jeder Band mit 56–72 Seiten, 10–25 Farbfotos, vielen Zeichnungen, Paperback.

Wählen Sie aus:

- Köstliche Aufläufe
- Backen nach Großmutters Art
- Selber Brot backen
- Köstliche Ei-Gerichte
- Selber einmachen
- Köstliche Eintöpfe aus aller Welt
- Köstliche Fisch-Gerichte
- Reizvolle Fleisch-Rezepte
- Reizvolle Fondue-Rezepte
- Köstliche Geflügel-Gerichte
- So schmeckt's vom Holzkohlengrill
- Reizvolle Rezepte mit Käse
- Reizvolle Kartoffel-Gerichte
- Kochen mit Knoblauch
- Küchenkräuter selbst gezogen
- Köstliche Lamm-Spezialitäten
- Mixgetränke – mit und ohne Alkohol
- Nudel-Variationen
- Pizza, Calzone und Focaccia
- Plätzchen selbst gebacken
- Köstlichkeiten mit Quark und Joghurt
- Raffiniert würzen – leicht gemacht
- Reizvolle Rezepte für 1 Person
- Bunte Salate mit Variationen
- Köstliche Saucen selbst gemacht
- Gutes aus dem Schnellkochtopf
- Toast raffiniert
- Kochen mit Tomaten
- Vollkorn-Rezepte
- Wildgerichte – leicht gemacht
- Köstliches aus dem Wok
- Kochen mit Zwiebeln
- Chinesisch kochen – leicht gemacht
- Echt französisch kochen
- Echt griechisch kochen
- Indonesisch kochen – leicht gemacht
- Echt italienisch kochen
- Echt provenzalisch kochen

GU Gräfe und Unzer

Rezept- und Sachregister

Quarkcreme mit Nüssen 53
Quarkpalatschinken mit Rosinen und Nüssen 51, *3. Umschlagseite*
Quarksauce, Gemüserohkost mit 13

Ratatouille mit Kräuterbrötchen 12
Reis, Aprikosen- 51
-, Zucchini-Pilzragout mit Tomaten- *38,* 39
Rettichsalat mit Gurke und Nüssen 10
Rohkost, Gemüse- mit Tofu- und Quarksauce 13
Rohkostsalat, gemischter 10
Rote Suppe aus Bohnen und Rüben 19

Sahnelinsen mit Kräutern 45
Sahnesuppe mit schwarzen Linsen 19
Salat, Blatt- mit Croûtons 10
-, Bohnen- 49
-, gemischter Rohkost- 10
-, Italienischer Brot- 13
-, Rettich- mit Gurke und Nüssen 10
-, Sprossen- mit Tofu und Pilzen 9
-, Weizen-Linsen- 9
Salbeikartoffeln mit Sesam 30
Salbeinudeln 44, *2. Umschlagseite*
Schafkäse, Nudeln mit und Basilikum 44
Scharfes Bohnengulasch 21
Sellerieschnitzel mit Tomatensauce 40
Sojamilch, Bohnen-Curry mit 33
Soufflé, Kräuter-Käse- *27,* 43
Spaghetti, Vollkorn- mit Gemüse 44
Spätzle, Gemüsebrühe mit grünen 14
-, Linsen mit 22
Spinat in Knoblauchöl mit Walnüssen 49
Spinatklöße 46

Sprossensalat mit Tofu und Pilzen 9
Strudelteig ausziehen 50
Strudel, Zwetschgen- mit Tofu 50
Suppe, Blumenkohl- mit Käsecroûtons 16
-, Gemüse- mit Kresse und Tofu 15
-, Grünkohl- mit Sesamsamen 16
-, Linsen mit Hirse 19
-, Möhren-Kartoffel- mit Sahne 15
-, Rote aus Bohnen und Rüben 19
-, Sahne- mit schwarzen Linsen 19
-, Weiße Bohnen- 19

Teigtaschen mit Tofu und Spinat 41, *47*
Tofu, »Falscher Hase« mit Grünkern und 24
-, Gemüsetopf mit fritiertem 20
Tofuklößchen in Dillsauce 36
- mit Lauch und Schwarzwurzeln 36, *37*
Tofu (Sojabohnenquark) 7
Tofusauce, Gemüserohkost mit 13
Tofu, Sprossensalat mit und Pilzen 9
-, Teigtaschen mit und Spinat 41, *47*
-, Zwetschgenstrudel mit 50
Tomatencreme mit Basilikum 16
Tomaten enthäuten 21
Tomatenreis, Zucchini-Pilzragout mit *38,* 39
Tomatensauce, gefüllte Zucchini mit 32, *Umschlag-Vorderseite*
-, Gemüseterrine mit scharfer 8
-, Sellerieschnitzel mit 40

Überbackener Fenchel 45, *48*

Vollkornspaghetti mit Gemüse 44

Weiße Bohnensuppe 19
Weizenfrikadellen 40
Weizen, geschmorter auf chinesische Art *18,* 21
Weizen-Linsen-Salat 9
Wirsingbällchen, gratinierte 24, *28*

Zucchini, gefüllte mit Tomatensauce 32, *Umschlag-Vorderseite*
Zucchini-Pilzragout mit Tomatenreis *38,* 39
Zwetschgenstrudel mit Tofu 50
Zwiebelkuchen mit Salbei 25

Die Quarkpalatschinken ▷
mit Rosinen und Nüssen sind eine Kaloriensünde wert: Sie werden gefüllt mit einer Creme aus Quark, Sahne, Rum und Ahornsirup. Rezept Seite 51.